KB195037

공직자,
하나님을 만나다

공직자, 하나님을 만나다

지은이 | 김미희 김정기 김혜란 명대근 박재현 백양규 백호성 송정현 심민호 양동인
　　　　양병태 여인홍 임영일 장영신 고장렬 박상덕 윤주봉 제영광 조연환 조원정

초판 발행 | 2023. 2. 15
등록번호 | 제1988-000080호
등록된 곳 | 서울특별시 용산구 서빙고로 65길 38
발행처 | 사단법인 두란노서원
영업부 | 2078-3352　FAX | 080-749-3705
출판부 | 2078-3331

책값은 뒤표지에 있습니다.
ISBN 978-89-531-4399-9 03230

독자의 의견을 기다립니다.
tpress@duranno.com　www.duranno.com

두란노서원은 바울 사도가 3차 전도여행 때 에베소에서 성령 받은 제자들을 따로 세워 하나님의 말씀으로 양
육하던 장소입니다. 사도행전 19장 8-20절의 정신에 따라 첫째 목회자를 돕는 사역과 평신도를 훈련시키는 사
역, 둘째 세계선교(TIM)와 문서선교(단행본·잡지) 사역, 셋째 예수문화 및 경배와 찬양 사역, 그리고 가정·상담 사역
등을 감당하고 있습니다. 1980년 12월 22일에 창립된 두란노서원은 주님 오실 때까지 이 사역들을 계속할 것
입니다.

공직자,
하나님을 만나다

크리스천 공직자
20인의
신앙고백

김미희 · 김정기 · 김혜란 · 명대근
박재현 · 백양규 · 백호성 · 송정현
심민호 · 양동인 · 양병태 · 여인홍
임영일 · 장영신 · 고장렬 · 박상덕
윤주봉 · 제영광 · 조연환 · 조원정

두란노

차례

공직자, 거룩한 부르심에 대한 응답자

제가 섬기는 새로남교회는 지정학적인 독특성이 있습니다. 정부대전청사와 대덕연구단지 사이에 위치하고 있기 때문입니다. 지난 2022년 《과학자, 하나님을 만나다》를 출간한 이후 후속편으로 《공직자, 하나님을 만나다》를 기획하여 열매를 맺게 되었습니다.

우리는 살아가는 동안 다양한 직업을 보고 듣고 경험합니다. 모든 직업은 소중하며 의미를 지닙니다. 한 사람의 직업은 그가 가진 가치를 펼쳐내고 채워 가는 현장입니다. 그러므로 직업이란 그 사람의 인격과 은사와 강하게 연결되어 있습니다.

특히 공직자는 국가의 부름을 받은 사람이기에 남다른 소신이 필요합니다. 이전부터 공직 사회에 내려오는 선공후사(先公後私) 멸사봉공(滅私奉公)의 정신입니다. 나 때문에 우리 조국 대한민국이 잘되어야 한다는 거룩한 열망이 가슴속에 불타올라야 합니다. 사익을 취하는 체질은 공직과는 결코 맞지 않습니다. "나는 대한민국의 대표 공무원입니다"라는 의식으로 출발한다 할지라도 외부로부터 달려오는 조직의 폐해와 자신에게서 발견하는 미성숙함 때문에 일어나는 갈등과 고민을 피할 수 없습니다.

성경에 등장하는 많은 인물들이 하나님의 자녀로서 자기 정체성을 가지고 살았습니다. 동시에 공직자로서 삶의 균형 잡기에 노력하였습니다. 요셉과 다니엘, 오바댜 같은 인물은 성공한 공직자의 표상으로 제시됩니다. 그러나 반대로 출발 자체가 잘못되었거나, 높은 이상과 기대를 가지고 진행하다가 중도하차한 예도 많이 있습니다.

본서에 실린 여러 글들은 크리스천 공직자들의 공통분모를 보여주고 있습니다. 출신과 배경과 전공은 다르지만 공직에서 주님의 인도하심을 받기를 갈망하고, 때로는 성공적으로, 때로는 고뇌하면서 남다른 직업윤리를 펼쳐내려고 애쓴 흔적입니다.

본서가 공직을 꿈꾸는 많은 이들에게 축복된 안내서로 쓰임받기를 기대합니다. 현재 공직자로서 수고하는 이들에게는 응원의 함성을 들려주는 도구로 사용되기를 원합니다. 그리고 공직에서 은퇴한 이들에게는 보람과 회한 가운데서 제2의 삶을 지혜롭게 시작하는 모멘텀을 제공하기를 소망합니다.

본서가 출판되기까지 앞장서서 수고해 주신 박동창님, 제영광님, 박상덕님, 여인홍님께 고마운 마음을 전합니다. 출판 기획에 참여해 주시고, 소중한 책자로 만들어 주신 두란노서원에 감사드립니다.

공직자로서 자신의 삶을 책자로 만들도록 소중한 원고를 내어주신 모든 분들께 은혜로우신 하나님의 은총이 늘 동행하기를 기원합니다.

오직 하나님께만 영광을! *Soli Deo Gloria!*

오정호
새로남교회 담임목사, 제자훈련목회자네트워크(CAL-NET) 이사장

크리스천 공직자의 소명

방선기 목사

서울대학교 화학공학과를 졸업하고 미국 리폼드신학교에서 신학 석사(M. Div)와 교육학 석사(MCE) 학위를, 컬럼비아대학교 교육대학원에서 교육학 박사(Ed. D) 학위를 받았다.

이랜드 그룹 사목을 역임했고, 직장사역연구소를 설립해 크리스천들이 직장에서 성경적 직업관과 문화 사역을 실행하도록 가르치며 크리스천의 일터 신학을 세우는 데 열정을 다하는 목회자다. 현재 일터개발원 대표로 섬기고 있으며 저서로《크리스천 직장백서》(두란노),《일상생활의 신학》(한세) 등이 있다.

한때 청년들이 선호하는 직업 중에 공무원이 높은 위치를 차지한 적이 있다. 요즈음 MZ세대는 조금 달라졌다고 하지만, 여전히 공무원은 우리 사회에서 인기 직업 중 하나다. 공무원이 되려는 사람들에게 "왜 공무원이 되려고 하느냐?"라고 질문하면 꽤 많은 사람이 안정적이기 때문이라고 대답한다. 이 답에 대해 대부분의 사람들이 공감하는 것 같다.

그러나 크리스천은 여기서부터 달라야 한다. 크리스천은 안정된 직업이기 때문에 공무원이 되려고 해서는 안 된다. 크리스천은 하나님의 부르심을 받아서 구원받은 사람이기 때문에 자신이 하는 일도 부르심을 받은 일이 되어야 한다. 즉 공직이 소명이라는 사실을 생각해야 한다는 의미다. 사도 바울은 로마 제국에서 일하는 이방인 공직자를 가리켜 "하나님의 사역자"(롬 13:4)라고 부를 정도로 그 일에 의미를 부여했다. 그렇다면 믿음이 있는 크리스천 공직자들은 당연히 하나님의 사역자로서의 소명 의식을 가지고 일해야 할 것이다.

크리스천은 충성된 공직자가 되어야 한다

크리스천 공직자에게 가장 중요한 것은 국가의 권위를 어떻게 받아들여야 하느냐의 문제다. 바울은 "각 사람은 위에 있는 권세들에게 복종하라 권세는 하나님으로부터 나지 않음이 없나니 모든 권세는 다 하나님께서 정하신 바라"(롬 13:1)라고 말했다. 한마디로, 공직자들은 자기가 속해 있는 세속 정부의 권위를 인정하고 복종해야 한다. 다니엘이 바벨론과 메대 바사 왕의 권위를 인정하고 복종했던 것이나 하나님을 경외하는 오바댜가 우상 숭배 하는 아합 왕의 권위를 인정하고 복종한 것이 모범 사례가 된다.

그러나 이것이 절대적인 원칙은 아니다. 크리스천은 하나님 나라의 백성으로서 다른 권위에 속해 있기 때문에 때로 국가의 명령이 하나님 나라의 원리에 맞지 않으면 불복종할 수 있어야 한다. 다니엘의 세 친구가 왕의 명령을 어기고 우상 숭배를 거부한 일이나 오바댜가 왕후 이세벨의 명령을 어기고 선지자들을 살려 낸 것이 좋은 사례가 된다.

크리스천 공직자는 신실한 직장인이 되어야 한다

크리스천 공직자들은 다른 크리스천 직장인들처럼 일터에서 모범이 되는 삶을 살아야 한다.

첫째, 맡겨진 일이 기독교 신앙과 직접 관련이 없는 일이라도 그 일을 주님께 하듯 해야 한다(골 3:23). 때로는 신앙인으로서 부담스러운 일을 해야 할 때도 있을 것이다. 이런 상황을 맞닥뜨리게 된다면 우상 숭배 하는 아합 왕 밑에서 공직을 맡았던 오바댜가 어떻게 처신했을지 상상해 보면 좋을 것이다.

둘째, 일하는 과정에서 성실하고 정직하게 해야 한다. 아무래도 공직에서 일하다 보면 직책이나 지위로 인해 부정한 일을 하도록 유혹을 받기가 쉽다. 이런 상황에서 크리스천은 당연히 '하나님 앞에서'(Coram Deo)에서 하듯이 처신해야 한다.

셋째, 일터에서 인간관계를 잘해야 한다. 크리스천이라면 윗사람이든 아랫사람이든 다른 사람에 대해 배려하는 모습을 보여 주어야 한다. "아무 일에든지 다툼이나 허영으로 하지 말고 오직 겸손한 마음으로 각각 자기보다 남을 낫게 여기고 각각 자기 일을 돌볼뿐더러 또한 각각 다른 사람들의 일을 돌보아 나의 기쁨을 충만하게 하라"(빌 2:3-4).

크리스천 공직자는 경건한 신앙인이 되어야 한다

크리스천 공직자는 공직자이기 전에 먼저 크리스천이라는 사실을 인식하고, 세상 속에서 자신이 하나님의 자녀임을 드러내야 한다. 그런데 오늘날에는 크리스천이 자신의 신앙을 종교적으로 표현할 때 좀 더 신중할 필요가 있다.

첫째, 크리스천은 일상생활에서 신앙을 드러내야 하지만, 자신의 종교를 과도하게 주장하지 않도록 조심해야 한다. 공직 사회에서 자신에게 주어진 지위로 인한 영향력을 종교적인 면으로 드러내고 싶을 수도 있다. 예를 들어, 기독교적인 활동을 하는 데 힘을 실어 주는 것 등이다. 이런 일은 얼마든지 가능하지만, 혹시라도 종교적 갑질이 될 수 있는 행동은 절제하는 것이 바람직하다.

둘째, 다원화 사회를 인정하고 그 속에서 참된 신앙을 보여 주어야 한다. 크리스천으로서 동의하기 어려운 종교 행사에 참석하게 될 때 크리스천 공직자가 어떻게 처신하느냐의 문제는 아주 중요하다. 이때는 사도 바울이 우상의 제물과 관련해서 가르쳐 준 말씀이 도움이 된다(고전 8:4-10). 하나님 외에 다른 신은 없다는 것을 알기 때문에 그런 종교 행사를 우리의 민속 문화로 인식해서 참여할 수도 있고, 하나님을 믿는 사람이 어떻게 그런 일에 참여할 수 있느냐는 비판이 일어난다면 그들을 위해서 거부하는 것도 가능한 선택 사항이다. 물론 어떤 경우든 다른 종교나 문화 행사를 기독교 신앙의 이름으로 무시하거나 비난하는 실수를 해서는 안 된다.

공직이 다른 직업보다 더 거룩하다거나 더 중요하다고 말할 수는 없다. 그러나 일반 국민들에게 미치는 영향은 상대적으로 더 크다고 할 수 있다. 그렇기 때문에 공직에서 일하는 크리스천은 자신이 어떻게 일하고 처신하느냐가 중요하다는 사실을 인지해야 한다. 크리스천 공직자들이 소명 의식을 가지고 일한다면 우리나라의 공직 사회에 하나님 나라가 임할 것을 기대할 수 있을 것이다.

"무슨 일을 하든지 마음을 다하여
주께 하듯 하고
사람에게 하듯 하지 말라"
(골3:23).

1

하나님을 만나
세리(税吏)가 되다

"우리가 알거니와 하나님을 사랑하는 자
곧 그의 뜻대로 부르심을 입은 자들에게는
모든 것이 합력하여 선을 이루느니라"(롬 8:28).

김미희   **대전광역시 서구**

충남대학교 무역학과를 졸업하고 대전광역시 세무 공무원으로 공직에 임용되어 27년간 지방세 관련 부서에서 근무하는 동안 친절봉사상 2회, 칭찬우수 공무원상, 친절봉사왕상 등을 수상했고, 지방세 발전에 기여(장관상), 모범공무원상을 수상했으며 지금은 대전광역시 서구 재산세 팀장으로 재직 중이다.

기적의 하나님을 만나다

내 인생에는 인생을 뿌리까지 흔들어 통째로 바꾼 세 번의 지각 변동이 있었다. 그 첫 번째가 1990년 하나님을 만난 것이고, 두 번째가 1991년 아버지의 갑작스러운 죽음이었고, 세 번째가 2000년 자녀를 낳아 어머니가 된 것이다.

나는 생각 없이, 꿈도 없이, 시간의 소중함을 모르고, 내 인생이 어디로 가는지도 모르고 살아가고 있었다. 교회도 너무 싫어했다. 그 정도가 심해서 험한 말도 많이 했고, 사람들이 전도하러 오면 면박을 주어 쫓아 버리기도 했다. 교회에 갈 일은 평생 없을 줄 알았다. 그런 내게 하나님이 찾아와 주셔서 1990년 대학교 3학년 겨울에 하나님을 만났다. 내가 만난 하나님은 '기적의 하나님'이셨다. 가장 큰 기적은 인생의 목적 없이 살면서 교회를 비난하기까지 한 나 같은 사람을 구원해 주시고 자녀 삼아 주셔서 기도할 수 있는 특권을 주셨다는 것이다.

하나님을 만난 이후로는 구름 위를 걷는 것처럼 날마다 기뻤다. 성경 말씀이 다 믿어지고 '내가 어떻게 이렇게 달라질 수 있을까?', 나 자신도 믿어지지 않을 만큼 새로운 사람이 되었다. 하고 싶은 일, 가야 할 길을 찾은 듯했다.

하지만 그 기쁨은 오래가지 않았다. 다음 해 여름 한 번도

편찮으신 적이 없었던, 내 인생의 기둥이셨던 아버지가 심장마비로 갑작스럽게 돌아가신 것이다. 아버지의 죽음은 또 한번 내 인생을 바꾸었다. 나는 다시 인생의 방향을 잃고 헤매야만 했다. 대학원에 가서 공부를 더 하고 싶었는데 학비를 대 줄 아버지가 안 계셨다.

졸업 후 3년을 방황하다가 공무원이 되기로 했다. 10개월 동안 시험공부를 해서 1995년 대전광역시 제3기 세무직 9급 공채에 1등으로 합격했다. 군대 가산점 5점이 있을 때인데, 가산점이 없는 내가 1등으로 합격할 수 있었던 것은 전적으로 하나님의 은혜였다. 지혜의 근원이신 하나님께 지혜를 구하면서 공부했기 때문이었다.

뜻을 정하고 크리스천 공무원으로서 최선을 다하다

공직이라는 세계에 들어와 보니 밖에서 보는 것과 매우 달랐다. 1990년대의 공직 사회는 아직도 술 회식 문화, 남성 중심이었다. 그런 직장에서 세속적인 가치관을 지닌 사람들과 근무하기란 쉽지 않았다. 그래서 나는 믿음을 지키면서 공직 생활을 하기 위해 다니엘처럼 거창하지는 않을지 모르지만 뜻을 정했다. 세상의 풍조, 불합리한 공직 문화는 따르지 않겠다는 것이었다. 사람을 무서워하지 않고 하나님을 두려워하자는 것이었다. 사람에게 잘 보이려고 하지 말고 하나님께 잘 보이자는 것이었다. '코람 데오'의 인생을 살겠다는 결심이었다.

뜻을 세웠지만 지키기는 쉽지 않았다. 발령받은 지 얼마 안된 신규 직원 때 있었던 일이다. 사무실 회식을 하는데, 상사가 주는 술을 끝까지 마시지 않았다. 상사가 마시라고 여러 번 강요했지만, 나는 버텼다. 상사는 "내가 주는 술을 왜 마시지 않느냐"고, "나도 내 건강 상하면서 술을 마시는데 너는 왜 마시지 않느냐"고 화를 냈다. 나중에 사무실에 와서는 분을 못 이겨서인지, 아니면 술이 많이 취해서인지 의자를 집어던지면서 행패를 부렸다. 지금은 있을 수 없는 일이지만, 발령 초기의 공직 문화는 그랬다.

또 한 번 겪었던 일은 기관장이 세무직 전체 회식 자리에서 술잔을 돌릴 때였다. 술잔에 술을 따라 주면 마시고 다음 사람에게 술을 따라 주는, 즉 잔 하나로 전체를 돌릴 때였다. 그 술잔은 내 앞에서 멈췄다. 기관장이 술잔을 받지 않는 내게 "3년 동안 재수가 없어라" 했다. 물론 그분이 3년 동안 재수가 없게 할 수 있는 위치에 있다는 것을 알았지만, 나는 술을 마시지 않고 3년 동안 재수가 없는 길을 선택했다. 오직 하나님만 보고 세상의 풍조, 불합리한 공직 문화를 온몸으로 거부했다. 지금은 공직 사회가 많이 변해서 술을 마시지 않는다고 하면 아무도 억지로 권하지 않는다.

내 좌우명은 "주어진 순간에 주어진 일에 최선을 다하자"이다. 내가 하는 일이 작은 일이든 큰일이든, 하찮은 일이든 중요한 일이든 상관없이 지금 해야 하는 일에 최선을 다하는 것이다.

한번은 거리 청소 봉사를 할 때였다. 비록 작은 일이지만 주어진 기회에 힘닿는 대로 최선을 다해 쓰레기를 주웠다. 쓰레기를 얼마나 열심히 주웠던지 빨간 목장갑에 구멍이 났었다. 그렇게 나는 뜻을 세운 대로 나의 좌우명대로, 공무원으로서 최선을 다하며 열심히 살았다.

그러다 내 인생에 변혁기가 또 한 번 왔다. 2000년 아들을 낳은 것이다. 직장을 다니면서 혼자 아들을 키우고, 살림도 하고, 교회도 다녀야 했기 때문에 바쁘고 정신이 없었다. 이러다가는 세상의 파도에 휩쓸려 떠내려갈지도 모른다는 위기감이 들어 시간을 어떻게 써야 할지 삶의 우선순위를 정했다.

우선순위를 두 개의 시간대로 나누어 정했다. 근무 시간인 오전 9시부터 오후 6시까지는 우선순위가 일(직장), 하나님(교회), 자녀 순이었고, 근무 시간 이외에는 하나님, 자녀, 일 순이었다. 나는 내가 정한 삶의 우선순위를 지키면서 치열하게 살았다. 그렇게 할 수밖에 없었던 이유는 내게 '코람 데오, 하나님의 눈' 말고 또 하나의 무서운 눈이 생겼기 때문이다. 바로

'아들의 눈'이다. 내가 걸어가는 길을 그대로 따라올 아들을 생각하면 대충 살 수가 없었다. 아들에게 부끄럽지 않은 엄마가 되기 위해서 직장에서 누가 보지 않아도 항상 최선을 다했다.

공직에서의 보람

나는 지방 세무직 공무원이다. 성경 속 인물인 마태나 삭개오는 세리일 때 하나님을 만났지만, 나는 반대로 하나님을 만나고 세리가 됐다. 그동안 담당했던 분야는 취득세, 등록세, 종합토지세, 재산세, 등록면허세, 지방소득세, 자동차세와 같은 지방세의 부과와 징수에 관련된 업무들이다.

성경 시대 당시 세리나 지금 시대의 세리나 사람들에게 세금을 받아 내는 것은 마찬가지다. 세금을 내라고 하는데 기쁘게 감사하면서 세금을 내는 사람은 없다. 납세의무자는 세금을 적게 내고 싶어 하고, 세무 공무원은 법에 정해진 대로 세금을 부과해야만 한다. 지방 자치 단체는 어떤 분야든지 민원이 많지만, 특히 세금과 관련된 곳은 더욱 그러하고, 그 강도도 세다.

크리스천 세무 공무원으로서 믿지 않는 사람과 다른 점은 '언제나 하나님이 나와 함께하시고 나를 지켜 주신다'는 믿음이 있다는 것이다. 이런 믿음이 있기에 나는 지금까지 두려움 없이 민원을 대할 수 있다. 민원을 대하는 원칙은 '법이 허용하는 범위 안에서 모든 방법을 다 찾아서 민원인을 도와주자'이다. 그렇게 원칙을 정한 이유는 '예수님을 믿는 사람으로서 긍휼의 마음으로 사람을 보고 민원 해결을 위해 최선을 다하자'는 생각 때문이었다.

그래서 나는 민원인이 요구하는 사항에 대해 우선 안 된다고 하지 않고 먼저 할 수 있는 방법을 찾아보고, 그 방법이 안 되면 가능한 다른 방법을 찾아서 안내해 준다. 그런데도 끝내 방법을 찾지 못할 때 "안 된다"는 말을 한다. 안 된다고 말하더라도 민원인들은 내가 그들을 위해 얼마나 노력했는지 알기 때문에 고마워하면서 포기했다.

오랜 시간 공직 생활을 하면서 많은 민원인을 만났다. 사람들은 각자의 사연과 아픔이 있다. 사람의 행동에는 이유가 있다. 하지만 그것을 알지 못하면 이해할 수가 없다. 기억에 남는 민원이 많다. 그중 하나는 주말에 당직 근무를 할 때 제기된 민원이었다. 대형 폐기물을 내놓았는데 왜 빨리 치우지 않느냐고 당장 치우라고 했다. 주말에는 근무하지 않는다고 설명해도 막무가내였다. 뭐 이렇게 이상한 민원인이 있나 할 수 있었지만, 민원인과 대화를 해 보니 죽은 아들이 쓰던 옷장이라고 했다. 옷장을 보면 아들 생각이 나서 빨리 치우라고 했던 것이었다. 또 한번은 오토바이 의무보험 미가입 과태료 때문에 민원인이 담당 직원을 계속 괴롭히는 일이 있었다. 알고 보니 아들이 오토바이 교통사고가 나서 1년 넘게 병원에 입원해 있었고 오토바이는 사고 당시 끌고 가서 어떻게 되었는지 모르는 경우였다.

민원을 대하면서 민원인 입장에서는 '공무원은 적이 아니다. 공무원이 안 해 줄 이유도 없고, 불이익을 줄 이유도 없다'는 생각으로 접근하면 해결이 쉽고, 공무원 입장에서는 '민원인이 그렇게 행동하는 데는 이유가 있다'고 생각하는 편이 좋다는 것을 깨달았다.

나는 민원이든 문제 해결이든 어려운 일이 생길 때는 기도를 한다. "너희 중에 누구든지 지혜가 부족하거든 모든 사람에게 후히 주시고 꾸짖지 아니하시는 하나님께 구하라 그리하면 주시리라"(약 1:5)라는 말씀을 붙잡고 항상 기도의 자리를 지켰다.

예수님을 믿고 공무원이라는 직업을 선택하고 오랜 시간 근무하면서 크리스천 세무 공무원으로서 믿지 않는 사람과 무엇이 다른지를 생각해 보면, 기도할 수 있다는 점을 꼽을 수 있다. 믿지 않는 사람들은 민원이나 문제가 생기면 스스로 해결해야 한다. 그래서 민원이나 문제를 두려워한다. 하지만 나는 하나님께 지혜를 달라고 기도한다. 기도하면 문제 해결책이 생각나기도 하고, 민원인이 진정되기도 하는 등 하나님의 역사가 일어난다. 믿는 사람들에게는 '하나님의 힘과 능력'이 배경이 된다. 그래서 자신 있게 두려움 없이 민원을 대할 수 있다.

우리 직장에는 직장선교회가 있다. 선교회에서 나의 직책은 기도 부장이다. 매주 화요일 점심시간을 이용해 12시 20분부터 1시까지 기도하는 화요 기도 모임이 있다. 처음 선교회에서 기도 모임에 오라고 했을 때, 나는 매일 새벽마다 교회에서 기도하므로 직장에서의 기도 모임은 필요 없다고 거절했다. 점심시간을 쪼개 운동을 하고 있었는데 화요일에 운동을 못 하는 것이 싫었고, 직장 사람들과 불편하게 속까지 내보이는 기도 제목을 내놓고 기도한다는 것이 싫기도 했다. 그래서 직장선교회 화요 기도 모임에 참석하지 않았다.

그러나 하나님은 기도에 때와 장소가 있지 않다는 것을 깨닫게 해 주셨고, 기도 모임에 한 번도 참석하지 않은 나에게 '기도 모임 인도자'라는 중책을 맡겨 주셨다. 우리는 구청장과 선교회를 위해서, 교회 회복을 위해서, 나라와 민족을 위해서, 선교와 잃어버린 영혼을 위해서 그리고 화요 기도 모임에 참석한 회원들의 기도 제목을 위해서 매주 함께 모여서 기도한다.

지금도 나는 근무 시간 이외에는 교회가 제일 우선이다. 근무 명령이 아니면 다락방 모임이나 예배에 빠진 적이 없다. 새벽 예배도 마찬가지다. 사람들은 직장에 다니면서 매일 새벽을 깨운다는 것이 쉽지 않다고 한다. 하지만 나는 그것이 제일 쉽다. 왜냐하면 나는 예배드릴 때 가장 행복하기 때문이다. 그리고 기도할 때가 제일 좋다. 예수님도 "항상 기도하라. 쉬지 말고 기도하라"고 말씀하지 않으셨는가? 그래서 나는 매일 예배를 드리고 기도의 자리를 지킨다.

공직 생활을 하는 동안 어려움도 있었지만 보람 있는 일도 많았다. '갈마울 별이 빛나는 거리'를 조성한 것은 지금 생각해 보아도 가장 보람 있는 일 중 하나다. 갈마중학교와 한밭고등학교가 연결된, 260m 길이의 어둡고 칙칙한 옹벽 때문에 그 일대는 쓰레기 불법 투기가 성행하고 불량 청소년들이 흡연하거나 싸움을 많이 하는 장소였다. 봉산초등학교, 갈마중학교, 한밭고등학교 학생들이 통학하는 통학로이지만, 밤에는 어둡고 칙칙하고 음산하기까지 해서 인적이 드문 곳이었다.

그런 길이 깨끗한 거리와 안전한 통학로를 만들기 위한 주민 제안 사업에서 '명화의 거리' 조성 대상으로 선정됐다. 하지만 그 옹벽에는 명화를 걸 수도, 벽화를 그릴 수도 없었다. 울퉁불퉁하고 오래된 옹벽을 수리할 수 있는 예산은 없었기 때문이다.

나는 세무 공무원이기 때문에 세금을 내는 납세자들과 지방세를 징수하기 위해 고생하는 우리 세무 공무원들을 생각하면 한 푼의 돈도 낭비할 수가 없다. 그래서 세무 공무원으로서 그 사업비를 소중하게 생각하는 한편, 한 아이의 엄마로서 별을 좋아하는 청소년들, 아들과 같은 아이들을 위하는 마음으로 거리를 조성했다. 바빠서 하늘을 볼 시간이 없는 아이들을 위해서 고흐의 "아를의 별이 빛나는 밤" 명화에서 아이디어를 얻어 하늘에 있는 별을 그곳에 내려오게 만들어 보았다.

'갈마울 별이 빛나는 거리'라는 거리 명과 모티브가 된 고흐의 "아를의 별이 빛나는 밤" 그림을 시작으로 황도 십이궁, 계절성 별자리와 행성, 우주 과학 요소, 달의 위상 변화, 어린 왕자의 별, 슈퍼노바(초신성)까지 만들었다. 과학 선생님의 검증을 먼저 거치고, 마지막으로 아들이 별자리 이름까지 다 고쳐 주어서 완성한 거리다. '갈마울 별이 빛나는 거리' 조성 후 학생들은 즐겁게 등하교하고 있고, 그 길은 깨끗하고 안전한 거리로 변화되었다. 이 거리는 대전관광공사 공식 블로그에 대전의 관광 명소로 소개되어 있다.

▌친절과 선행을 남기는 공직자

나의 정체성을 한 문장으로 표현하면 이렇다. "나는 행복한 크리스천 공무원, 백○○의 엄마다." 크리스천으로서

32년, 공무원으로서 27년, 백○○의 엄마로서 23년을 부끄럽지 않게 살기 위해 주어진 순간에 주어진 일에 최선을 다하면서 치열하게 살아왔다. 그런 나에게 요즘 시카고대학교 물리학과 4학년에 재학 중인 아들은 자주 "훌륭하다, 잘했다"고 칭찬해 준다. 자녀의 칭찬은 나의 인생을 별과 같이 빛나는 인생이 되게 해 주고 있다.

나는 공무원으로서 명확한 목표가 있다. '덕을 베풀자'는 것이다. 후배 공무원들에게는 친절과 선행을, 민원인에게는 내가 가진 지식과 노하우로 도움을 주어서 좋은 평판을 얻고 공직을 떠나고 싶다. 직급은 기억되지 않을지 모르지만 내가 베푼 친절과 선행은 남으리라 믿는다.

2.

믿음으로 살게 하신 하나님!

"아무것도 염려하지 말고 다만 모든 일에
기도와 간구로, 너희 구할 것을 감사함으로
하나님께 아뢰라 그리하면 모든 지각에
뛰어난 하나님의 평강이 그리스도 예수 안에서
너희 마음과 생각을 지키시리라"(빌 4:6-7).

김정기   **대전광역시**

육군 학사장교 19기(1992년)로 임관해 직업 군인으로 복무했으며 전역 후 대전광
역시에서 비상대비업무를 담당하고 있다. 충남대학교에서 군사학 박사 학위를
취득했으며 대통령 표창(2020년) 등을 수상한 바 있다.

믿음의 삶으로의 초대

　대학 졸업 후 꿈이었던 군 장교로 임관해 군문에 들어가게 되었고 군 교회에서 세례를 받았다. 세례받은 계기는 군종병과 비슷한 역할을 했던 한 동기생의 적극적인 관심 덕분이었다. 그때 그 동기생이 없었더라면, 아마 기회를 놓쳤을 것이다. 당시 다른 동기생들 대부분은 교회에 오면 피곤해서 잠을 자고 가는 반면에, 나는 잘 이해하지는 못했지만 목사님의 설교를 끝까지 경청했던 기억이 난다. 또한 매일 힘든 훈련으로 인한 피로와 상관없이 종교 행사도 하나의 일과로 여겼던 당시 군대의 분위기도 내가 군 교회에 지속적으로 나가는 데 한몫했던 것 같다.

　굳은 결심을 할 정도로 은혜를 받거나 하지는 않았지만, 매주 예배에 거부감 없이 출석했고, 훈련을 마치기 전에 세례까지 받게 된 배경을 생각해 보면, 아무래도 내 마음속 어딘가 자리 잡고 있던 하나님의 말씀 덕분이 아닌가 싶다. 어릴 때 라디오에서 흘러나오던 설교 말씀을 종종 들은 적이 있고, 초등학생 시절 선생님이 모세의 홍해 이야기를 들려주셨던 기억이 있다. 거기에 힘든 군 훈련 과정을 어떻게든 잘 마치기 위해 하나님의 도우심을 바랄 만큼의 절박함과 동기생의 따뜻한 배려가 더해졌기 때문이라고 확신한다.

나는 그때 경험을 통해 복음 전도를 위해서는 때를 얻든지 못 얻든지 가까운 동료들의 따뜻한 말 한마디가 중요하며, 신앙생활에 큰 힘이 된다는 것을 알게 되었다. 어린아이 같은 믿음을 갖고 있던 나는 하나님의 보살피시는 과정을 거쳐 1992년 8월 1일부로 군 장교로 임관하여 직업 군인으로서 길을 걷게 되었으며 전후방 여러 부대에서 근무하였다. 하나님은 군이라는 직업을 통해 나에게 소명을 주셨다.

하나님이 주신 소명

군대에서부터 시작한 직장 생활을 통해 하나님은 내게 많은 것을 허락하셨다.

첫째, 하나님은 군 선교의 비전을 조금씩 품게 하셨다. 직업 군인으로 나를 군으로 부르신 하나님은 군 교회를 섬기게 하셨으며, 장교 임관 후 약 20년이 넘는 기간 열 군데가 넘는 크고 작은 군부대에서 근무하게 하셨다. 군종 제도를 운영하고 있는 한국 군대는 대부분 군부대 내에 교회, 성당, 절이 있다. 군대에서 종교는 장교 출신 구분과 더불어 인맥을 확장하고 관리하는 데 중요한 역할을 할 때가 있었고, 부대 지휘관과 종교가 같다면 아무래도 좋은 평가를 받는 경우가 많았다.

군 교회의 규모는 부대별로 차이가 있지만, 대부분 장병들의 신앙을 위해 세워졌고 말단 부대는 시설 관리가 노후된 곳이 많았다. 군종 목사님이 없는 곳에는 교단에서 파송된 민간 목사님이 계신 곳도 있었지만 없는 곳이 더 많았기에 군 교회는 참으로 열악한 환경이었다. 그러나 나는 군 교회를 섬기는 동안 주일 성수는 물론 모든 공적 예배를 포함해 MCF(한국기독군인연합회) 모임이나 동료들과의 기도회에도 참석하는 등 예배와 기도 생활에 아주 모범적이었다.

직업 군인으로서 이삼 년에 한 번씩 근무지를 옮기게 되었고, 그에 따라 교회도 바뀌는 과정이 계속되었다. 하지만 하나님은 새로 부임해 가는 곳마다 교회 건축과 교회 재정을 맡아 봉사하게 하셨다.

강원도 횡성에서 근무할 때였다. 내가 근무한 부대의 교회는 당시 성도들이 거의 없어 우리 가정만 섬기고 있었는데, 교회 재정을 보시던 집사님마저 다른 부대로 전출 가게 되어 우연찮게 우리 가정이 교회 재정을 맡게 되었다. 재정을 담당하는 것은 특별한 헌신을 필요로 한다. 당시 바쁜 업무를 맡아 하던 때라 쉽지 않았지만, 나는 감사하는 마음으로 재정을 받았다.

집사님이 나에게 주고 간 것은 아주 낡은 건축 헌금 장부와 통장이었다. 너무나 귀한 장부였다. 이름 없는 성도들과 병사들의 헌금이 기록된 보물 같은 장부였다. 당시 섬기던 군 교회는 양철 지붕과 함석으로 되어 있어 여름철엔 덥고, 겨울철엔 추운 비좁고 낡은 교회였다. 그 낡은 교회를 새로 건축하기 위해 수년간 기도하면서 적립해 온 건축 헌금이었던 것이다. 담임목사님이 상주하시는 것이 아니기에 나는 교회를 지킨다는 생각에 사명감을 갖고 잘 관리했고, 그 덕분에 약 1~2년 후 하나님이 동역자로 보내 주신 분들과 함께 100평 남짓 규모의 소망하던 교회를 건축하는 열매를 맺었다.

그때 하나님이 나를 교회 건축을 위한 조그마한 도구로 쓰셨다는 생각에 너무나 감사했다. 당시 나는 출근할 때 교회 가서 기도하고, 점심 먹고 교회 가서 기도하고, 저녁 퇴근 때 교회 가서 기도하는 등 교회 중심의 일상을 살았다. 심지어 교회 건축 4~5개월간은 그 일이 나의 공적인 일과가 되기도 했는데, 부대 지휘관의 배려로 교회 건축 담당 역할이 나에게 맡겨진 것이다.

교회 재정이 부족한 터라 건축과 교회 운영에 필요한 여러 물자와 비품 구입, 행정, 예산 관리 등 크고 작은 일을 직접 하게 되었다. 이 같은 헌신으로 교회 입당 예배 때 교회 건축 유공으로 사단장으로부터 아주 특별한 상을 받았는데, 어떤 상보다 귀한 상이었다. 비록 작은 교회였지만, 나의 군 생활이 하나님의 일에 쓰임받았다는 사실에 너무 감사했다.

둘째, 하나님은 군 생활을 통해 말씀에 의지해 살려고 하는 나를 버리지 않으시고 미래까지 바라보고 계신다는 사실을 확신하게 하셨다. 2007년에 나는 강원도 철원에서 최전방 철책 근무를 했다. 철원은 남한 땅에서 가장 추운 곳이고, 철책 근무는 24시간 대북 경계를 하는 것이 주 임무였다. 나는 아침 9시부터 밤 24시까지 콘크리트 벙커 안에서 북한군의 동태를 예의주시하면서 비상시 즉각 조치해야 하는, 24시간 휴전선을 경계하는 곳에서 근무했다.

그러나 안타깝게도 여러 가지 사정 때문에 끝내 섬기던 부대에서 다음 보직을 받지 못한 채 떠나게 됨으로써 직업 군인으로서 진급에 아주 불리한 상황에 처했다. 원래 최전방 철책 근무를 하면 해당 부대에서 다음 보직을 배려해 주는 것이 관례였지만, 나는 그런 혜택을 받지 못했다.

대신 하나님은 자녀들에게 우리나라의 안보 현실을 보게 하셨다. 부대에 복귀할 때면 아이들과 같이 짧은 시간이지만 휴전선을 눈으로 직접 보면서 어릴 때부터 안보 현실을 자연스럽게 몸에 배게 했던 것이다. 그래선지 큰딸은 현재 여군 장교로 근무하고 있고, 둘째 아들도 군 장교로 선발되어 대학 생활 중에 있다. 이는 당시의 최전방 근무가 하나님이 우리 자녀들에게 군 선교의 비전을 주시기 위한 섭리였다는 믿음을 주었다.

군 생활의 마지막을 앞두고, 나는 평소 관심 있던 리더십 관련 업무를 맡기 원했으나, 생각지도 못한 워 게임(war game, 컴퓨터 시뮬레이션을 이용한 가상 상황에서 전투를 묘사하는 기법)을 수행하는 부대로 발령이 났다. 지금 생각해 보면, 하나님이 먼 미래에 내가 맡을 일을 미리 아시고 내가 개인적으로 원했던 일이 아니라 하나님이 뜻하신 곳으로 가게 하셨다는 것을 깨닫게 된다. 실제로 지금 내가 추진하고자 하는 일이 지방 자치 단체 공무원들의 비상대비훈련 방법을 혁신하기 위해 워 게임 모델 개발을 구상하는 것이기 때문이다. 그때의 실무 경험이 없었더라면 현재 워 게임 모델 개발의 필요성을 주장하지 못했을 것이다. 이처럼 하나님은 미래를 보시고 나의 길을 인도하고 계심을 알게 되었다.

셋째, 하나님은 이것이 끝이 아니라 계속해서 나를 지키고 계심을 확신시켜 주셨다. 하나님이 내게 새로운 직장을 선물로 주신 것이다.

나는 직업군인으로서의 진급에 대한 기대를 내려놓고, 대전으로 내려와서 자운대 교회를 섬기면서 제2의 직업을 준비했다. 다시 직업을 갖기란 쉬운 일이 아니었다. 취직을 위한 시험공부는 하고 있었지만, 채용과 관련한 구체적인 정보가 없어 오리무중이었다. 쓸데없는 일에 에너지를 낭비하지는 않을까 걱정되었지만, 불안해하지 않고 "아무것도 염려하지 말고 다만 모든 일에 기도와 간구로, 너희 구할 것을 감사함으로 하나님께 아뢰라"(빌 4:6)라는 말씀을 의지하면서 계속 시험 공부에만 전념했다.

그러던 중 2010년 연평도 포격전이 발발했다. 이 일로 정부와 군은 광역 지방 자치 단체에 비상계획관 제도를 다시 도입해야 한다는 데 인식을 같이하고 관련 법령(비상대비자원관리법)을 개정했다. 그리고 내가 원하던 시기에 시도별 비상대비업무 담당자를 채용하는 공고가 났으며, 이어서 공석이 발표되고, 최종 응시를 할 수 있는 기회가 생겼다. 이 모든 것이 사람의 힘으로는 도저히 할 수 없는 일이었다. 통상적으로 법 하나 개정하는 데 몇 년이 소요되기 때문이다.

응시 결과, 좋은 성적을 거두어 원하는 데로 갈 수 있는 조건을 갖추게 되었다. 마음속으로 '고향 근처인 대구시청으로 갈까? 처가댁 근처인 광주시청으로 갈까? 자녀들의 교육을 위해 감사원에서 근무해 볼까? 아니면 친형제들이 모여 사는 부산시청으로 갈까?' 하는 행복한 고민을 몇 달간 했지만, 결정하지 못한 채 최종 선택일이 다가왔다.

마지막 날까지도 선택하지 못하고 고민 중이었는데, 바로 그때 교구 목사님으로부터 전화가 왔다. "집사님, 직장을 어디로 선택하셨습니까?"라고 물어보셨다. 순간 나에게는 목사님의 그 질문이 섬기는 교회가 있는 대전에 남으라는 뜻으로 들렸다. 그래서 나는 얼떨결에 "목사님이 전화하시는 바람에 대전시청으로 선택했습니다"라고 답했고, 결정하지 못하고 질질 끌던 직장 선택은 결론을 맺게 되었다. 그리고 몇 달 후 2013년 6월 30일, 청춘을 바쳤던 군을 전역하고 7월 1일부로 새로운 직장인 대전광역시청에서 다시 근무하게 되었다. 단 하루도 쉬지 않고 바로 이어서 근무하게 되어 너무 감사했다.

나는 군 생활을 통해 지금 당장 어려운 일이 있더라도 언젠가는 하나님이 뜻하신 시기에 나를 쓰신다는 믿음이 있기에 인내할 수 있는 용기와 담대함을 갖게 되었으며 걱정하지 않게 되었다. "이때를 위함이 아닌지 누가 알겠느냐"(에 4:14 하).

넷째, 새 직장을 주신 하나님은 부족한 나에게 일에 대한 열정과 창의적인 생각을 심어 주셨다. 이를 통해 맡겨진 업무의 지경을 두세 배 확장시킬 수 있었으며, 견고한 토대 위에 올려놓는 성과를 올릴 수 있었다. 몇 가지 사례를 소개하겠다.

2015년 어느 회의 석상에서 지역의 군 부대장이 6·25 대전지구 전투의 중요성을 강조하면서 전승 기념식을 대전시에서 주최한다면 대전 시민들에게 호국 보훈 의식을 함양시킬 수 있을 것 같다는 의견을 제시한 적이 있다. 나는 이 행사에 애착이 갔으나 여러 가지 제약이 있었다. 우선 개최 날짜가 무더운 7월 중순이라는 것과 90세 가까운 어르신들을 모시고 해야 한다는 어려움이 있었다. 하지만 한때 군인으로서 복무한 경험이 있는 나는 참 좋은 기회가 아닌가 하는 생각에 이 행사를 자발적으로 맡겠다고 했다.

이후 지금까지 이 행사를 개최해 오고 있는데, 규모가 처음보다 두 배 이상 커졌으며, 무엇보다 새로남기독학교 차원에서 특별히 참여해 수준 있는 행사로 격상되었다는 점에 매우 감사하다. 또한 6·25전쟁 때 함께 싸웠던 미팔군 사령부에서 많은 관심을 가졌으며, 대한민국이 말로만이 아니라 행동으로 결초보은하는 나라라는 인식을 심어 주고 있다는 데 보람을 느낀다. 이 모든 일을 통해 하나님이 나를 직장의 사역자로 쓰고 계신다고 확신하게 되었다.

그리고 대전시는 지형적 특성 때문에 지역 내에 많은 군부대가 자리 잡고 있는데, 특히 유성구에는 많은 군 교육 기관이 밀집해 있고 군인 가족들이 거주하는 자운대라는 곳이 있다. 이 같은 군 인프라를 잘 활용하는 것 역시 대전시에서 해야 할 일이라고 생각했다. 이에 2018년에는 자운대 지역의 주요 군부대장들과 관군협의회를 출범시켰으며, 이듬해인 2019년에는 처음으로 소규모 예산을 마련해 자운대 일원에서 '자운대 민군 화합 페스티벌'을 개최했다. 생각하지 못했던 많은 인파가 몰렸을 뿐만 아니라 지역 방송국에서 생방송까지 했고, 인기 아이돌 출신 연예 병사들의 공연을 보기 위해 일본에서도 극성 팬들이 찾아오는 바람에 유성구의 숙박업소가 만원이 되는 일이 발생하기도 했다.

사실, 페스티벌의 성공을 반신반의하는 분위기인 데다가 1박 2일의 짧은 일정 가운데 첫째 날 비까지 오는 바람에 쓸데없는 일에 예산과 시간을 낭비하고 있다는 우려가 컸다. 하지만 결과는 그러한 우려를 한순간에 떨쳐 내기에 충분할 정도로 성공적이었다. 함께 수고한 동료 직원들 역시 처음엔 이런 일을 힘들게 왜 하느냐는 반응을 보였는데, 큰 성과를 거두자 모두 만족스럽고 뿌듯한 성취감을 맛보았다.

마지막으로, 하나님은 나의 직장 사역에 지혜를 주셔서 2022년 봄에 4년 이상 집필하던 책을 마침내 출판하게 하셨다. 그동안 기도하면서 구했던 창의적인 사고와 아이디어를 하나님께서 적절한 시기에 주셨기에, 분주한 일상 업무 속에서도 포기하지 않고 끝까지 완주할 수 있었다. 덤으로 직장에서는 공직자의 귀감으로 인정받아 대전시청을 빛낸 공무원으로 선정되어 표창패까지 받게 되어 감사했다.

나의 고백과 감사

"야곱의 하나님을 자기의 도움으로 삼으며 여호와 자기 하나님에게 자기의 소망을 두는 자는 복이 있도다"(시 146:5). 지금까지 사람의 도움을 의지하지 않고 오직 기도하면서 담대하게 나아갔기 때문에 하나님이 좋은 만남들을 허락해 주셨고, 외롭지 않게 하셨으며, 아무것도 없는 빈 들에서 과분한 열매를 주셨음을 고백한다. "나의 왕이신 하나님이여! 저의 직장 사역에 함께하시고 늘 동행하심에 감사드립니다. 저의 부족함을 모두 다 아시오니 능력과 지혜로, 은혜로 채워 주시기만을 원하며 감사하며 기도합니다."

3.
작은 순종, 평생 축복의 시작

"너희가 나를 택한 것이 아니요
내가 너희를 택하여 세웠나니
이는 너희로 가서 열매를 맺게 하고
또 너희 열매가 항상 있게 하여
내 이름으로 아버지께 무엇을 구하든지
다 받게 하려 함이라"(요 15:16).

김혜란 **통계청**

명지대학교에서 법학을 전공하였으며 통계청에 입사한 후 방송통신대학교에서 통
계학을 추가로 전공했다. 기획재정부에서 공직을 시작해 2005년 이후 통계청에서
재직 중이다. 통계청 기독선교회와 정부대전청사 기독선교연합회를 통해 직장 선
교사의 사명을 감당하고자 노력하고 있다.

땅에 묻어 두지 않은 순종

마태복음에는 맡겨진 달란트를 어떻게 관리하느냐에 따라 다르게 평가받는 종들에 대한 비유가 등장한다. 하나님의 자녀이기에 요구되는 순종에 우리가 어떻게 반응하는지에 따라 주님의 평가와 축복이 달라진다.

어린 시절 이모님의 손에 이끌려 여의도에 있는 교회에 다녔다. 고등학생이던 어느 날, 교회 집사님께서 졸업하면 꼭 찬양대에 오라고 제안하셨다. 그렇게 나는 순종하는 마음으로 스무 살, 토요 찬양대에서 첫 봉사를 시작했다(여의도 대형 교회엔 주일 성수를 하지 못하는 성도들을 위한 토요 예배가 지금도 있다).

요일 특성상 토요 찬양대에는 60대 이상의 어르신들이 주를 이루었고, 파트별 솔리스트와 기악팀을 제외하고는 젊은 이들이 거의 없었다. 사람은 많으나 일꾼은 부족한 상황이라 악보 준비, 방송실 조율, 찬양대 행정 처리 그리고 식사 배식 및 정리까지 매주 새로운 봉사의 영역들이 내게 주어졌다. 누군가 시키지 않아도 눈치껏 찾아서 일을 했다. 그리고 청년을 귀히 여기며 기도하시는 집사님의 제안으로 찬양대 젊은이들은 매년 여름 인천 장봉도의 지체 장애인들을 찾아가 교회 지붕 수리, 창고 정리, 이불 빨래 등을 하며 여름휴가를 봉사의 시간으로 채워 갔다.

20대 중반 공무원 시험 준비를 하던 중 육종이라는 악성 종양이 내게 찾아왔다. 암 조직 제거를 위해 연이어 두 차례 수술을 하게 되었다. 담당 의사는 전이가 쉬운 뼈에 생긴 암 (골육종)이 아니기에 운이 좋았다고 말했다. 나는 두려웠지만 비교적 담담하고 평안한 마음으로 수술을 받았다.

하지만 추후 그 모든 것이 기도의 힘이라는 것을 알게 되었다. 수술을 받는 동안 100여 명의 찬양대원이 어린 자매의 안전한 수술 과정과 온전한 회복을 위해 한마음으로 기도해 주셨던 것이다. 어린 날의 약속이었지만, 내가 순종하는 마음으로 봉사의 자리를 지켰을 때 주님이 연약한 나를 위해 눈물로 기도해 주실 분들을 이미 예비하셨음을 느꼈다. 이때의 경험은 내게 중보 기도의 큰 힘을 알게 해 주었고, 그때부터 나는 아픈 이들을 위해 마음 아려 하며 기도를 드린다. 모두의 기도에 선하게 응답하실 주님을 믿으며….

물론 지금도 많은 일로 지치고 스트레스를 받으면 몸속에 나쁜 세포들이 자라나고, 그때마다 두려운 마음으로 병원을 찾는다. 하지만 하나님이 나를 다시금 치유하실 것을 알기에 주님을 믿고 수술대에 오른다. 주님이 내게 맡기신 사명들을 온전히 감당하도록 나의 건강을 지켜 주실 것을 믿으며, 살아 있는 동안 주님이 충분하다 여기실 때까지 성실하게 사용되고 싶다.

주님의 세밀한 이끄심

외가의 영향으로 어린 시절부터 공직을 소망하는 마음이 있었다. 하지만 수술 이후 예전처럼 스트레스를 받으며 전적으로 공부에 매달리긴 어려웠다. 몸을 추스르고 공직 분위기를 익히고자 하는 생각에 기획재정부 기간제 비서로 일을 시작했다.

나의 첫 상사는 일을 사랑하는 워커홀릭이셨다. 1급 고위직임에도 정책 실현을 위해 각 부처 실무자와 직접 소통은 물론, 점심시간도 넘겨 가며 열정적으로 회의를 진행하셨다.

기획재정부로 출근하는 첫날, 나는 성경 속 요셉을 떠올렸다. 형제들의 미움으로 노예로 팔려가고 보디발 장군의 집에서 누구보다 성실했음에도 억울하게 감옥에 간 요셉, 하지만 어느 곳에서든 주의 자녀로서 최선을 다하였고 주님이 요셉과 함께하시기에 그는 애굽에서 총리의 자리까지 오르게 되었다.

나 역시 주님의 동행하심을 믿으며, 맡겨진 일을 성실하게 수행하겠다고 다짐하였기에 매일 12시간씩 근무하는 상황에서도 작은 불평도 없이 최선을 다했다. 맨땅에 헤딩하듯 새로운 것을 만들어야 하는 힘든 부서였지만 가장 높은 직급부터 낮은 직급까지 모든 부서원이 하나 되어 성실하게 일하였다. 비록 나의 역할은 기획하고 의견을 반영하는 직접적인 역할은 아니었으나, 모든 부서원이 국가를 위해 다양한 가능성과 문제를 검토하고 밤새 수정하여 작성된 보고서가 언론에 발표되었을 때는 같은 조직원으로서 함께 기뻐할 수 있었다. 그렇게 각자의 역할을 충실히 수행하고 서로의 수고에 감사하고 업무의 탁월함을 인정하며 즐겁게 일했다. 그리고 내가 모셨던 상사는 능력을 인정받아 통계청장으로 영전하여 떠나셨다.

얼마간의 시간이 지나 통계청이 1급 기관에서 차관급 기관으로 격상되는 조직의 큰 변화가 있었다. 그리고 첫 상사께서 다시 함께 일해 보자고 나를 통계청으로 부르셨다. 그렇게 별정직 공무원 신분으로 통계청에서 새로운 공직 생활을 시작하게 되었다. 이후로도 주님은 여러 조직 변화를 통해 나의 신분을 보다 안정적으로 견고히 세워 주셨다.

특채로 채용되었기에 나는 부족한 점이 너무나 많았다. 먼저 고등학교 이후 손을 뗀 숫자와 다시금 친숙해져야 했다. 입학은 쉬우나 졸업은 어렵다는 방송통신대학교에 편입하여 통계학을 다시 전공하고, 생소한 통계 용어와 산출 방식들을 익히기 위해 노력했다. 주님은 출산 전에 모든 학과 시험이 마무리되도록 상황을 허락하셨고, 그렇게 통계인이 될 수 있도록 한 계단씩 나를 준비시키셨다.

통계청의 여러 업무 중에서 통계 심사 업무를 맡아 법학 전공과 연관된 내용을 실무에 적용해 볼 수 있었다. 타 부서

이동 후 업무와 관련된 훈령을 개정하면서 과거에 준비된 것 중 소중하게 활용되지 않은 경험이 없음을 깨달았다. 주님은 내가 하나를 알고 있으면 그 하나로 나를 사용하셨고, 열을 알고 있으면 열을 통해 할 수 있는 업무들을 내 앞에 펼쳐 주셨다. 이후 본격적으로 통계를 생산하는 부서에 근무하며 사망 원인 통계, 인구 통계, 주택 통계 그리고 지금의 축산 정책 관련 통계까지 다양한 통계를 경험하게 하셨다.

통계청에서 17년, 길지도 않고 또한 짧지도 않은 딱 중간을 달려가고 있다. 외부 환경은 빠르게 변하고 새로운 통계에 대한 요구도 점점 다양해지고 있다. 그리고 내게 주어진 업무를 잘 감당하기 위한 고민도 점점 깊어지고 있다.

통계는 여전히 어렵다. 업무로 마음이 힘들 때면 더욱 새벽을 깨워 주님을 만나고, 주님의 도움 없이는 오늘 하루를 살아갈 수 없음을 매번 고백하며 하루를 시작한다. 주님은 지혜 없고 부족한 나를 사용하시니, 나의 연약함도 감사하며 오직 주님만 의지하여 주님의 은혜 안에 살아가고 있다.

자신의 숫자에 대한 책임감

통계란 어떤 현상을 종합적으로 한눈에 알아보기 쉽게 숫자로 나타낸 것으로, 통계청에서는 정책 수립 및 평가의 기초 자료가 되는 통계를 생산해 각 경제 주체에게 유용한 통계 정보를 제공하기 위해 노력한다. 그중 주요 국가 통계는 국제기구의 통일된 기준에서 작성되는 통계이며 국가 간 비교 통계로 활용된다. 이러한 통계는 국민 누구나 이용하기 쉽도록 보도 자료와 통계표를 통해 서비스를 하고 있다.

숫자를 떠올리면 복잡하고 어려운 듯하다. 하지만 우리 삶에 어느 현상에 대한 개별적 이야기를 정리해 기준에 따라 숫자로 표현하고 부문별, 지역별, 연령별 등으로 구분해 설명해 주는 통계는 과거부터 지금까지 사회의 변화된 부분을 확인하게 해 주고 미래를 예측할 수 있게 해 준다.

쉬운 예로, 2021년 우리나라의 총인구가 처음으로 감소되어 충격을 안겨 주었다. 그러나 통계청에서는 이미 지금의 인구를 유지하는 합계출산율(여성 1명이 평생 낳을 것으로 예상되는 자녀 수)이 2.1명 이하로 낮아졌던 1983년부터 인구의 감소를 예측하고 있었다. 한 세대를 유지하는 데 30년의 시간이 소요되는데, 한국의 합계출산율은 전 세계에서 유례없이 가파르게 감소되고 있어 2021년 기준 0.81명을 기록해 그 가속화된 시점을 좀 더 앞당길 것으로 보인다.

이처럼 정책의 결과를 확인하고 새로운 정책의 효과 또한 향후 지표로 확인할 수 있는 것이 통계다. 그렇기에 숫자가 최종 공표되는 순간까지 정확한 통계를 생산하기 위해 검토하는 과정을 무수히 거치며 준비하고 있다. 하지만 통계 결과가 일정 기준의 수치로 표현되다 보니 국민들이 바로 이해하기에는 여전히 어려운 느낌이 있는 것도 사실이다. 이를 위해 통계마다 보도 자료를 작성하고 누구든 자료를 해석하기에 무리가 없도록 자세히 설명하고자 노력한다.

물론 매번 공표하는 통계라 할지라도 계절적 영향, 코로나19 팬데믹, 국제 환경 변화 등 여러 요인이 있기에 통계 결과를 설명할 수 있는 원인을 찾기가 쉽지 않을 때가 있다. 얼마 전 조사된 결과를 두고 원인을 분석하는데, 보고할 날짜, 공표 일자가 점점 다가옴에도 불구하고 쉽게 마무리되지 않아 마음이 급했다. 조급한 마음에 휴일에도 검토를 계속했지만, 마음만 급할 뿐 정리가 되지 않았다.

매주 요일을 정해 교구 기도회를 드리는 아침에도 마무리되지 않은 업무에 대한 염려로 기도회 참석 여부를 고민하게 되었다. '새벽부터 나가서 일을 할까? 기도하면 하나님이 모든 것을 해결해 주신다고 하셨는데, 기도의 자리로 나아가야 하지 않을까?' 한 주간 다락방 말씀을 묵상하던 중 먼저 기도하고 나아가는 다윗에 대한 말씀이 내 마음에 확신을 주었다. "만군의 하나님 여호와께서 함께 계시니 다윗이 점점 강성하여 가니라"(삼하 5:10).

나는 편안한 마음으로 기도의 자리를 먼저 찾아 오늘의 업무가 순적하게 마무리되도록 기도를 부탁드렸다. 그런데 출근 즉시 고민했던 문제들의 원인을 발견하고, 해결책을 찾아 보고서를 빠르게 채워 갈 수 있었다. 고민하면 헤매다 엉뚱한 결론에 이르러 온종일 힘들었을지도 모르는 하루였기에, 주님이 주신 지혜로 일이 잘 마무리되어 하나님께 감사기도를 드렸다. 기도의 힘을 내 삶 속에 경험으로 채우는 귀한 기억을 갖게 된 것이다.

나는 직장 선교사

예배드릴 장소가 구분되어 있는 직장은 많지 않다. 주님은 정부과천청사에서도, 정부대전청사(이하 대전청사)에서도 예배의 자리를 미리 준비해 주셨고, 나는 업무의 긴장감이 정점에 달한 수요일 점심시간이면 영혼의 오아시스를 찾듯 예배의 자리로 향한다. 나의 연약함을 주님께 아뢰고 새 힘을 얻기 위해 그 시간을 구별하여 지키고 있다.

현재 대전청사 내에 있는 예배 처소는 정식 사무 공간이 아니기 때문에 냉방도, 난방도 되지 않는 곳에 위치해 있다. 하지만 그곳은 매주 목사님을 모시고 주님의 말씀을 듣고 기도할 수 있는 소중한 공간이다. 코로나19 팬데믹으로 인해 예배실이 폐쇄된 때가 있었다. 기독선교연합회 대표 목사님의 제안으로 줌(Zoom)을 통한 온라인 예배를 시작했다. 몇 명의 선교회원이 모일지 알 수 없었다. 하지만 주님을 향한 뜨거운 마음은 어느 곳에 있든 시간을 거룩하게 구별해 모이게 했다. 그렇게 지방청에서 근무하는 반가운 동료와 퇴직하신 신실한 선배님도 온라인 예배에 함께해 주었다.

그러나 빛의 양면처럼 예배의 자리를 떠난 동료들도 있고, 신앙이 있어도 직장에서는 함께 예배드리지 않으며 조용히 지내는 동료들도 많다. 믿음의 자리는 사모하는 자에게 허락된 특권임에도 그 기쁨의 자리를 누리지 못하고 있는 동료를 볼 때면 매우 안타깝다.

통계청 기독선교회는 많은 선배님들이 예배의 자리를 지키고 계시고, 업무에서도 신앙에서도 믿음의 본이 되어 함께 일하고 계신다. 나 역시 후배들에게 언제나 예배의 자리를 지키는 믿음의 선배로 오래도록 함께하고 싶다.

코로나19 팬데믹 중에도 5년 주기의 3대(인구, 경제, 농림어업) 총조사가 연이어 진행되었다. 연간, 분기, 월 조사 등 가장 최신의 통계 조사 역시 멈추지 않고 국민과 약속된 시간에 어긋남 없이 제공되었다. 이처럼 신뢰성과 시의성 높은 통계가 현장에서 차질 없이 조사되고 완료되기를 바라며 매주 선교회원 모두가 통계청을 위해 함께 기도드리고 있다.

통계청을 비롯해 대전청사에 입주한 각 청의 기독선교회는 대전청사 기독선교연합회 모임을 통해 매주 금요일 업무 전 중보기도 시간을 갖고 있으며, 주요 절기마다 연합예배를 드리고 12월엔 음악회와 함께 성탄 점등식을 준비하며 주님이 이 땅에 오신 기쁜 소식을 전하기 위해 노력하고 있다. 또한 각 청 각자의 자리에 우리를 부르신 주님의 뜻, 직장 선교사로서의 사명을 다시금 기억하며 서로를 격려하고 있다.

사도 바울의 고백처럼, 나는 주님 외에는 아무것도 자랑할 것이 없는 자다. 그런 나를 주님은 평신도 지도자로서 훈련받게 하시고, 가정과 교회와 직장에서 사명을 감당하라 하신다. 왜 나를 택하시고 사용하실까? 힘겨울 때면 기도를 드리고 말씀 속 주님의 음성에 귀 기울인다. 하나님은 내게 이렇게 말씀하신다. "내가 너를 통해 기뻐한다! 내 양을 먹이라! 무거운 짐은 다 내게 맡기고 그저 함께 가자."

4

하나님의 다스리심을 받는
과학 법률 공무원

"너희 중에 누구든지 지혜가 부족하거든
모든 사람에게 후히 주시고 꾸짖지 아니하시는
하나님께 구하라 그리하면 주시리라"(약 1:5).

명대근   **특허청**

서울대학교 항공우주공학과를 졸업하고, 호주 퀸즐랜드공과대학교에서 지식재
산권 법학 석사 학위를 받았다. 2002년 변리사 합격 후 2005년에 변리사 특
별 채용으로 특허청에 임용되었다. 특허청에서 특허 심사, 심판 업무를 수행하
고 심사 정책, 국제 협력 업무를 거친 후 현재는 특허법 개정 및 제도 개선을 담
당하고 있다.

믿음의 길로 인도하신 하나님

나는 믿음이 없는 가정에서 태어나 교회를 전혀 다녀 본 적이 없는 상태에서 미션 스쿨인 숭일중학교에 입학했다. 미션 스쿨인 만큼 교목이 계셔서 일주일에 한 번은 성경 공부를 하고, 매일 아침을 기도와 찬양으로 시작했다. 또한 미션 스쿨을 다닌다는 이유로 반강제적으로 교회에 가야 했다. 성경 과목이 있었는데, 교회 주보를 제출한 횟수가 성적에 반영되어서 주보를 제출하기 위해 교회에 나갔다. 중간·기말 고사에서는 사도신경과 주기도문을 외우고 성경 구절 괄호 넣기를 했던 기억이 아직도 남아 있다.

그 당시에는 내 의지와 관계없이 교회에 나갔지만, 지금 생각해 보면 하나님의 인도하심이었던 것 같다. 그때 암송한 사도신경과 주기도문은 여전히 머릿속에 남아 있고, 그때 불렀던 찬송이 예배 시간에 익숙하게 다가온다. 어렸을 때 경험한 신앙생활이 성인이 되어 믿음을 성장시키는 데 얼마나 중요한지 새삼 깨닫고 있다.

얼마 전에 내가 출석하는 교회의 제자·사역 훈련 과정에서 광주 유진벨선교기념관을 방문했다. 거기에서 유진 벨(Eugene Bell) 선교사님이 내가 다녔던 미션 스쿨인 숭일중학교 설립에 이바지하셨다는 사실을 처음으로 알았다. 내가 지금 믿음을 갖게 된 것도 120년 전에 낯설고 척박한 땅인 조선에 와서 주님만을 바라보면서 복음 전파에 전력투구하신 선교사님들의 헌신 덕분이라는 것을 되새겨 보았다.

과학 법률가의 길로 나아가다

어렸을 적에는 막연하게 과학자가 되고 싶다는 꿈을 갖고 공대에 진학했다. 그러나 내가 공학 실험 등에 흥미와 재능이 없다는 것을 발견하면서 진로를 찾는 과정에서 방황하게 되었다. 그러던 중 과학자를 대변하는 법률가인 변리사라는 직업을 알게 되었다. 나는 변리사 시험을 준비하기로 결심하고 다양한 법학 과목을 공부하면서 법이라는 학문이 너무나도 흥미롭고 유용하다는 생각이 들었다.

서울에서 변리사로 활동하던 중에 특허청에서 심사관을 특별 채용한다는 소식을 접했다. 그 당시에는 안정적인 직장일 것이라는 기대감으로 입사 지원을 하게 되었고, 면접을 통과해 특허청 심사관으로 공직 생활의 첫발을 내딛게 되었다. 심사관을 하면서 특허 서류들을 검토하기가 쉽지만은 않았지만, 나에게 주어진 심사 업무를 통해 국가에서 부여하는 특허권이 만들어진다는 책임감이 생겼다. 변리사 시절에는 나에게 찾아온 고객들에게 최상의 서비스를 제공하는 것이 목적이었다면, 심사관으로서는 국민을 대상으로 정확하고 공정한 서비스를 제공하는 것이 목적이 되었다.

그러던 중 다양한 업무를 경험해 보고 싶다는 생각에 정책 업무를 하는 자리로 옮겼다. 심사관의 업무량, 업무 방식 등을 조정하는 부서였는데, 시간을 다투는 업무로 인해 야근이 잦았다. 그 결과, 자연스럽게 아내와 아이들에게 거의 관심을 두지 못했고, 가족과 함께하는 시간이 점점 줄어들었다. 이러한 환경에서 아내는 직장 일과 육아를 혼자서만 챙겨야 한다는 불만이 쌓였고, 가정의 화목은 점점 스러져 갔다.

가정에 어려움이 닥친 상황에서 아내의 학교 동료 선생님이 우리 가족을 지금 섬기고 있는 새로남교회로 인도해 주었다. 우리 가족은 새로남교회를 다님과 동시에 그 선생님이 속한 다락방에 들어가게 되었다. 나는 중학교 때 미션스쿨을 다녔고, 아내도 대학교 때 CCC(한국대학생선교회) 활동을 한 경험이 있어서, 우리 부부 모두 교회에 거부감이 없었던 것 같다. 특히 처음 소속된 다락방 순장님이 우리 부부를 따뜻하게 맞아 주셨다. 부부 관계가 멀어졌던 그 시점에 지역 교회에 정착하고 다락방에 소속되었던 것 역시 지금 생각해 보면 하나님의 인도하심이었던 것 같다.

2013년 즈음에 아내는 학교 선생님으로 일하면서 단 한 해도 쉬지 못해 탈진해 가는 상태였다. 아내는 호주와 같은 외국에서 1년만 살 수 있게 해 달라고 하나님께 기도를 드렸다. 그러던 중 특허청에서 심사관을 대상으로 호주에 법학 석사 학위 과정을 밟게 해 주는 과정을 제공했는데, 기적적으로 그 과정에 합격하게 되었다. 그때 다리에 깁스를 해서 유학 면접을 보러 가지 않으려고 했는데, 어머니가 내가 탄 휠체어를 끌고 가면서 면접을 보라고 하셨다. 나는 휠체어 투혼을 발휘해서 5명을 뽑는 유학 시험에서 2등을 했다. 병원에 입원하면서 2주 동안 공부하고 시험을 봤기 때문에 큰 기대를 하지 않았는데, 하나님이 아내의 기도를 들으시고 우리 가정을 회복시키기 위해 호주로 보내 주신 것 같다.

우리 가족은 호주에서 새로운 생활을 하게 되었다. 아내는 가정에만 충실하게 되어 만족했고, 나도 석사 과정을 다니면서 영어로 토론식 수업을 하고 논문을 작성하는 등 국제적인 안목을 넓힐 수 있었다. 아이들은 초등학교와 유치원을 다녔는데, 방과 후에 학원에 가지 않아도 된다는 것에 만족했다. 아내는 저녁마다 나와 아이들을 위한 음식 준비에 정성을 다했고, 우리 가족은 저녁 식사 시간에 이런저런 대화를 하는 가정으로 바뀌어 갔다.

비록 1년이라는 길지 않은 기간이지만 호주 한인 교회에서 나는 찬양대 봉사를 했고, 아내는 교회 청소로 섬겼다. 주일이면 나는 찬양대 연습을 위해 가족들보다 먼저 교회에 가야 했는데, 재정적으로 넉넉하지 않은 유학생 형편이라 차가 한 대밖에 없었다. 그래서 집에서 교회까지 한 시간 동안 걷고 뛰기를 반복하면서 가야 했다. 지금 생각해 보면 힘들 수도 있었는데, 그때는 찬양대로 섬길 수 있다는 것이 큰 기쁨이었다. 아내도 교회 청소로 섬기면서 청소의 수고보다 성전을 깨끗하게 하는 데 쓰임받는 기쁨을 더 크게 느꼈다. 이러한 기쁨과 더불어, 나는 특허청 업무와 관련해 국제적인 역량을 키우는 기회를 가질 수 있었다.

❚ 국제 협력 업무를 하게 되다

호주에서 석사 학위 과정을 거치면서 쌓았던 지식과 경험을 바탕으로 특허 심사와 관련해 국제 협력을 할 수 있는 기회를 얻게 되었다. 한번은 특허 관련 국제회의를 이집트에서 개최해 한국 특허청 대표단으로 그 회의에 참석하게 되었다. 최근 한국 특허 출원 건수는 전 세계 4위에 해당할 정도로 성장해 한국 특허청의 위상이 엄청나게 높아졌다. 나는 국제회의에서 우리나라의 특허제도를 소개하고, 우리나라의 이익을 반영할 수 있도록 국제적인 제도를 만드는 데 협상하면서 대한민국 공무원이라는 자긍심을 가질 수 있었다.

이집트 특허청은 세계 각국에서 참석한 대표단들에 피라미드 견학 기회를 제공해 주었다. 피라미드는 높이가 약 150m이고, 300만여 개의 돌들로 구성되어 있었다. 피라미드 돌 한 개가 사람보다 큰 것을 보고 그 당시 어떻게 이러한 건축물을 만들었는지 놀라면서 과거에 이집트의 권력이 대단했음을 느낄 수 있었다. 동시에 출애굽 당시 강대국이었던 이집트의 권력에서 이스라엘 백성이 벗어날 수 있었던 힘은 오직 하나님으로부터 나왔음을 실감할 수 있었다.

그 후 한국과 캄보디아의 양 특허청이 업무협약(MOU)을 체결하는 회의를 하기 위해 특허청장님을 모시고 캄보디아에 방문했다. 출장 전에 캄보디아 역사를 조사하면서 폴 포트(Pol Pot)라는 지도자에 의해 '킬링필드'(Killing Fields)라는 악몽과 같은 사건이 그 땅에 있었다는 사실을 알게 되었다. 캄보디아 국민의 4분의 1 이상이 아무 이유 없이 죽어 나간 아픈 역사를 보면서 지도자의 역할이 얼마나 중요한가를 새삼 깨닫게 되었다. 캄보디아 특허청과는 한국 특허를 캄보디아에 신청하면 자동으로 효력을 인정해 주는 프로그램 협약을 체결했다. 캄보디아가 우리나라의 위상을 인정하는 협약을 체결하면서 대한민국 특허청 공무원이라는 자부심을 다시 한 번 느끼게 되었다. 언론사에 한국과 캄보디아 특허청 간의 MOU 체결을 홍보하고, 양국 특허청장 간 MOU 체결을 성공적으로 수행했다. 이후 캄보디아와의 MOU 체결 등 국제 협력 업무를 성공적으로 수행했음을 인정받아 승진할 수 있었다.

나는 내 적성에 맞는 과학 법률 공무원이라는 직업을 선택해 호주 법학 석사 학위를 받고, 국제 업무를 하면서 국제적으로 시야를 넓히며, 직장 내에서 승진이라는 성과까지 허락해 주신 하나님께 감사를 드렸다. 또한 공무원으로서 여러 기회를 제공해 준 대한민국에 깊이 감사하는 마음을 갖게 되었다.

첨예한 특허 무효 사안에 대한 심판관을 하다

승진 후 심판관이라는 업무를 담당했다. 특허 고객이 특허 심사의 결과에 대해서 다투는 경우 특허심판원에 그 적합성을 검토해 달라고 한다. 이때 심판관은 특허 분야의 1심 법원과 같은 기능을 수행하는 업무다.

기억에 남는 사건 중 하나는 특허 무효심판 사건이었다. 특허 무효심판은 양 당사자 간에 특허 유효 여부를 다투는 것이다. 당시 해당 기술 분야의 대표적인 업체들이 분쟁 중이어서 대형 로펌들이 각각 대리인을 맡아 심혈을 기울이는 상황이었다. 다른 업체의 특허를 무효화시키는 것은 총성 없는 기술 전쟁 같은 것이다. 업체 간의 첨예한 싸움에 대해 결론을 내려야 한다는 것에 나로서는 상당한 부담을 느꼈다.

내가 속한 심판부의 3인이 합의하면서 사실관계를 공정하고 정확하게 판단하는 데 많은 도움이 되었다. 법원에서 양 당사자가 진술하는 것처럼 3인의 심판관과 양측 당사자가 입회한 가운데 구술 심리까지 실시했다. 나는 이 과정에서 솔로몬의 지혜를 구했다. 솔로몬이 두 명의 과부 중에서 진짜 아이의 엄마가 누구인지 확인했던 것처럼, 사실관계를 지혜롭게 확인할 수 있도록 주님께 기도드렸다. 그 과정 가운데 특허를 받기 이전에 관련 기술이 업계에 공개되었다는 사실 관계를 확인해서 그대로 무효화한다는 심결문을 작성했다. 해당 건에 대해 신중을 기하고 노력하면서 주님께 기도한 결과, 내가 작성한 심결문이 추후에 우수 심결문으로 선정되었다. 하나님은 내가 공정한 판단을 할 수 있도록 기도에 응답해 주셨다.

▌대한민국의 특허법을 책임지다

심판관은 사건별로 서류를 읽어 보고 판단하는 업무라서 내가 업무 시간에 열심히 일하면 일과 후에는 어느 정도 개인 시간을 가질 수 있었다. 그 상태에서 교회 제자훈련을 신청했는데, 훈련자로 선정되었다는 결과가 예상했던 시점에 나오지 않았다. 나는 제자훈련자로 선정되지 않은 것으로 생각하고, 바쁠 때 내 시간을 내기 어렵고 국회를 상대하는 특허법 담당자로 인사이동을 했다. 그런데 부서 이동을 한 지 일주일 만에 제자훈련자로 선정되었다는 연락을 받았다. 그 연락을 미리 받았더라면 바쁜 부서로 이동하지 않고 심판 관으로 있었을 텐데, 주님은 굳이 바쁜 부서로 이동했을 때 제자훈련을 받게 하셨다.

2021년 내가 담당한 특허법 개정안과 관련해 국회의원들의 법안 심사를 거쳤다. 그 당시 내가 진행하는 특허법 개정 안과 비슷한 내용이 하위 규정에 있었지만, 나는 굳이 그 사실을 밝힐 필요가 없으리라 생각했다. 그런데 국회의원 한 분이 그 사실을 확인하신 후 그러한 사실을 알리지 않았다는 이유로 엄청나게 질책을 하셨다. 국회에서 진행되는 법안 심사에는 청장님, 국장님 등 간부님들이 참석하시는데, 그 회의에서 간부님들이 지적을 받으시니 정신이 아득했다. 그때 문득 새로남교회 담임목사님이 늘 강조하신 '정도'(正道)라는 단어가 떠올랐다. 다행히 법률로 규정해야 할 필요성을 잘 설명해 법안이 통과되기는 했지만, 나에게는 정도를 걷는 것이 얼마나 중요한지 반면교사로 삼는 계기가 되었다.

최근에는 하나님의 말씀인 성경은 완전한 데 비해, 내가 담당하는 특허법은 각계각층에서 다양한 의견이 있어 모두를 만족시키기 어렵다는 생각이 든다. 그때마다 이사야 55장 9절 말씀을 떠올린다. "이는 하늘이 땅보다 높음같이 내 길은 너희의 길보다 높으며 내 생각은 너희의 생각보다 높음이니라"(사 55:9). 나는 비록 부족하지만, 나보다 훨씬 높고 전능하신 하나님이 나에게 지혜를 주시면 정확하고 공정한 법안을 만들 수 있을 것이라 믿는다. 그래서 느헤미야 2장 4절에서 느헤미야가 최고 권력자인 왕 앞에서 결정적인 말을 하기 전에 묵도했다는 말씀과 같이, 나는 나에게 처리하기 어려운 법안 관련 문제가 있을 때 주님께 지혜를 달라고 묵도하곤 한다. 그럴 때마다 주님이 내 머릿속에 지혜를 떠오르게도 하시고, 주변 사람들이 나에게 좋은 방향을 제시하도록 도우시는 은혜를 경험하고 있다.

그 당시 훈련 과정을 통해 어려움을 극복할 수 있도록 주님께 새벽기도를 드리고 말씀 묵상을 열심히 했다. 그 과정에서 옥한흠 목사님의 《나의 고통 누구의 탓인가》(국제제자훈련원)라는 책을 읽었다. 그 책에서 고난은 주님을 믿든지, 믿지 않든지 누구에게나 찾아올 수 있다는 것을 인식하게 되었다. 고난만 바라보면 스트레스를 받아서 인생이 쉽지 않은 것 같다. 옥한흠 목사님은 그 책을 통해 고통을 바라보지 말고 주님을 바라보면 그 고통을 주님이 해결해 주신다고 언급하셨다. 나도 '나의 고난에만 얽매이지 말고 눈을 들어 예수님을 바라봐야겠다'라는 생각을 했다. 그 결과, 국회에서 겪었던 어려움이 내 마음속에서 많이 완화되었다.

인공지능 발명자 이슈 국내외 논의 조율

특허제도과에서 근무하면서 인공지능이 창작한 발명에 대한 특허를 취급하게 되었다. 미국의 스티븐 테일러(Stephen Thaler) 박사가 자신이 개발한 인공지능 다부스(DABUS)가 스스로 발명했다며 16개국에 특허를 출원한 것이다. 국내외 전문가에게 문의한 결과, 다부스가 해당 특허 발명에 어느 정도 기여한 것인지 확실하지 않았다. 최근에는 인공지능이 그린 그림이 미국 콜로라도 주립 박람회 미술 대회에서 1위를 차지했다고 한다. 그림, 음악, 춤과 같은 분야에서는 인공지능이 기존 데이터를 바탕으로 창작하는 것이 어느 정도 가능해졌다. 그러므로 인공지능이 창작한 그림, 음악, 소설 등이 저작권과 관련해서 이슈가 되고 있다.

그러나 특허발명은 기존 기술에 어떠한 문제점이 있는지를 분석하고, 그 문제점을 해결하기 위한 솔루션을 제공하는 인간의 지적인 사상의 흐름을 거쳐야 하는 것이다. 그러한 이유로 아직 인공지능이 발명했다는 사례는 스티븐 테일러 박사의 인공지능 다부스 특허 출원밖에 없고, 전 세계적으로 인공지능 발명자를 인정한 국가도 없다.

인공지능이 발명자로 인정된 사례가 아직까지 없다고 하더라도, 인공지능 기술이 급속히 발전될 것을 대비해 내가 속해 있는 특허제도과에서는 국내 전문가들과의 논의뿐 아니라 선진 7개국이 화상으로 참여하는 국제 콘퍼런스를 개최했다. 이와 같은 국내외 전문가들의 논의 결과, 인공지능 발명자 인정에 있어서는 국제적인 조화가 필요하다는 의견이 다수였다. 인공지능을 발명자로 인정할지에 대해 여러 논의를 진행하고 있으나, 나는 하나님이 창조하신 질서 가운데 인간이 주님과 가장 가까운 존재이므로 '인공지능이 스스로 완벽하게 발명을 하는 것에는 한계가 있지 않을까'라고 조심스럽게 생각해 보았다.

하나님의 은혜 가운데 살고, 하나님께 영광을 돌리는 공무원

어렸을 적부터 하나님을 알도록 미션 스쿨의 길로 인도하시고, 과학 법률 공무원이라는 직업을 선택한 것에 대해 기쁨을 주시며, 하나님의 다스리심 가운데 나의 직업적 역량을 키워 가면서 공무를 수행할 수 있게 해 주신 주님의 은혜를 찬양한다. 지금까지 하나님이 나에게 넘치도록 부어 주신 은혜를 기억하면서 선공후사(先公後私)의 정신으로 국민을 위한 공무원이 되기를 다짐한다. 과학 법률 공무원이라는 나의 직업을 통해 하나님만 영광을 받으시기를 소원한다.

오직 하나님께 영광을(Soli Deo Grolia)!

5.

다니엘의 삶은
지금도 우리에게 유용한가?

"복 있는 사람은 악인들의 꾀를 따르지 아니하며
죄인들의 길에 서지 아니하며 오만한 자들의 자리에
앉지 아니하고 오직 여호와의 율법을 즐거워하여
그의 율법을 주야로 묵상하는도다 그는 시냇가에 심은
나무가 철을 따라 열매를 맺으며 그 잎사귀가 마르지
아니함 같으니 그가 하는 모든 일이 다 형통하리로다
악인들은 그렇지 아니함이여 오직 바람에 나는 겨와 같도다
그러므로 악인들은 심판을 견디지 못하며
죄인들이 의인들의 모임에 들지 못하리로다
무릇 의인들의 길은 여호와께서 인정하시나
악인들의 길은 망하리로다"(시 1:1-6).

박재현 　**한국수자원공사 사장**

서울대학교 공과대학 토목공학과에서 학사, 석사 및 박사 학위를 받았다. 1998
년 MIT에서 박사후연구원을 거쳐 2000년 인제대학교 토목공학과 교수로 재
임했으며, 2006년 UC Davis 교환 교수, 인제대학교 입학처장 등의 보직을 거
쳤고, 국가물관리위원회 위원, 국가균형발전위원회 지역 공약 특별위원회 위
원 등을 역임했다. 현재는 아시아물위원회 회장, 한국대댐회 회장, 한국공학한
림원 및 한국환경한림원 정회원이다. 2020년 2월부터 한국수자원공사 사장으
로 재임 중이다.

타지키스탄 히소르에서 다니엘을 기억하다

2022년 6월 타지키스탄 수도 두샨베에서 UN-Water에서 주관하는 행사가 열렸다. 아시아물위원회(AWC) 회장 자격으로 회의에 참석하게 되었는데, 행사까지 시간 여유가 있어 타지키스탄 외교부의 안내로 두샨베 인근에 있는 히소르(Hisor) 왕궁 역사 유적지를 방문했다.

히소르 고성 유적지는 성으로 둘러싸인 왕궁, 성문 앞 공원, 당시 여행객들이 머물렀던 숙소 건물, 이슬람 시기에 모스크로 사용되기도 했다는 왕립 교육 시설 등으로 구성되어 있었다. 고성 앞에 위치한 공원은 어림잡아 폭이 약 150m, 길이가 300m 가까이 되었는데, 과거에는 이 공간에 시장이 있었다고 한다.

과거 페르시아 제국에 속해 있었던 이 지역은 이후 알렉산더 제국, 파르티아 제국, 몽골 제국, 티무르 제국 등을 거쳐 온 곳이다. 중앙아시아 실크로드의 중간 도시로 역할을 했던 지역이기에 과거 시장에는 많은 상인이 운집했을 것이고, 번잡한 시장을 건너면 왕이 관할하는 교육 건물이 위치해 있었다. 정사각형으로 만들어진 건물은 중앙에 넓은 공간을 중심으로 각 7개의 방들로 구성되어 있었고, 각 모퉁이에는 큰 강의실이 위치해 있었다. 각 방은 3평 남짓했는데, 3명의 학생이 기거하는 숙소로 이용되었다고 한다.

강의실 등이 구비된 교육 시설이 페르시아 시대에 만들어진 그대로의 모습은 아니겠지만, 그 순간 내 머릿속에 바벨론 느부갓네살 왕에 의해 포로로 잡혀가 교육을 받았다는 다니엘이 오버랩되었고, 다니엘도 이와 유사한 환경에서 교육을 받았겠다 싶어 다니엘서의 내용이 더욱 새롭게 느껴졌다.

▍각 제국의 요직 관료로 활동한 믿음의 사람 다니엘

다니엘은 대단한 사람임이 분명하다. 변방의 피정복 국가, 망한 유다 왕국에서 태어난 다니엘은 당시 세계 최고의 제국이었던 바벨론에 포로로 잡혀간 사람이다. 각 지역의 문화를 말살하고 제국의 문화로 통일하려는 바벨론은 이들을 제국의 세계관 속으로 편입시키기 위해 노력했을 것이다. 하지만 이후 당시 세계 최강인 바벨론, 메대, 바사, 특히 종교도 달랐던 이방 패권 제국에서 연속으로 최고위급 공무원을 지냈던 사람이다. 패권국이 바뀌면 지배층도 바뀌게 되는데도 그때마다 살아남아 각 제국의 요직 관료로 활동했다는 것은 일반 상식으로 이해하기 어려울 정도로 대단한 일임이 틀림없다.

성경을 보면, 우선 하나님의 계시를 전달하는 선지자의 자격으로 다니엘을 이해할 수 있다. 하나님이 그를 통해 계시를 보이셨다는 것이다. 다니엘은 자신이 보고 해석한 꿈들을 통해 하나님이 세상의 역사를 주관하고 계심을, 모든 권력은 하나님의 주권 아래 있음을 선포하고 있다.

다른 관점에서 보면, 개인으로서 다니엘의 삶도 존재하고 있다. 바벨론 수도에는 주류인 갈대아 사람들과 속국에서 온 포로들이 함께 있었을 텐데, 이러한 환경에서도 다니엘과 친구들이 두각을 나타낼 수 있었던 것은 하나님의 역사하심과 함께 그들의 능력이나 노력이 뒷받침되었을 것이다. 다니엘은 느부갓네살 왕의 꿈을 해석하며 일약 바벨론 제국 최고의 박수장이 되었고, 친구들인 사드락, 메삭, 아벳느고는 바벨론 지역을 다스리는 수령이 되었다. 성경에는 상세히 서술되지는 않았지만, 갈대아 사람들이 유다 사람들을 참소했다는 언급으로 보아(단 3:8) 이 세력들 간의 갈등이 심했으리라 충분히 유추된다.

다니엘은 기도의 사람이었을 뿐만 아니라 제국의 주요 관직을 맡아 제국을 운영해야 하는 현실적 삶에서도 최선을 다했을 것이다. 메대 다리오왕이 다니엘을 사자 굴에 넣고 난 이후 다음 날 아침 다니엘을 부르는 모습을 보면 그가 다니엘을 얼마나 아꼈는지 알 수 있다. 그만큼 다니엘은 훌륭하고 능력 있는 메대의 총리였던 것이다.

다니엘은 하나님의 약속에 대한 믿음을 가진 사람이었다. 그의 기도는 주로 하나님을 향한 고백, 이스라엘 민족의 회복에 대한 하나님의 약속, 현재 살아가며 겪는 여러 어려움에 대하여 지혜를 구하는 내용이지 않았을까? 그에게는 하나님의 인도에 대한 강한 믿음에서 나오는 담대함이 있었을 것이다. 다니엘의 성품은 외유내강이었으리라 상상된다. 위기 상황에서도 두려워하거나 조급해하지 않았다. 권력을 쟁취하려는 적들의 음모 속에서도 차분히 상황을 꿰뚫어보았고, 차근차근 대응해 나갔다. 나무뿐만 아니라 숲을 볼 줄 아는 안목이 없이는 불가능한 일이다.

다니엘은 나라를 경영할 수 있는 능력(학식, 지혜, 정책 능력, 리더십)을 가지고 있었다. 포로로 잡혀 왔을 때 왕의 교육 기관에서 3년 동안 온 제국의 지식을 배웠다. 느부갓네살왕 때에도 그 능력을 인정받았지만(단 1:17, 20), 다리오왕 때에도 인정받은 대단한 능력자였다(단 6:2-4).

다니엘 6장 3-4절을 보면, 다니엘은 마음이 민첩했고 총리들과 고관들 위에 뛰어났다. 왕이 그를 세워 전국을 다스리게 하려고 하자 총리들과 고관들이 국사에 대해 다니엘을 고발할 근거를 찾고자 했다. 하지만 그들은 아무 근거, 아무 허물도 찾지 못했는데, 이는 다니엘이 충성되어 아무 그릇됨도 없고 아무 허물도 없었기 때문이었다. 아무 그릇됨이나 허물이 없다는 의미는 문자 그대로의 의미에 더해 정책을 수행해 가는 능력이 탁월하고 완벽하다는 의미도 포함되어 있을 것이다. 다니엘은 충분한 성실, 지식은 물론 정치 상황을 읽어 나가고 대처할 수 있는 능력까지도 가지고 있었던 것이다.

수자원공사 사장으로 부르신 소명

나는 2020년 2월 28일 어공(어쩌다 공무원) 한국수자원공사(K-water) 사장으로 임명을 받았다. 1967년 창립된 한국수자원공사의 주요 업무는 국가 산업단지개발, 전력 및 공업용수 공급과 산업화로 인한 도시화에 따른 생활용수 공급 및 다목적댐을 운영해 국가적인 홍수와 가뭄을 관리하는 것이다. 우리나라의 산업화와 더불어 국가 발전과 국민의 복지 증진을 위해 노력해 온 공기업의 사장으로 취임하며, '사장직을 통한 하나님의 소명이 무엇일까?'는 계속해서 고민하고 하나님께 기도하는 제목이다.

취임 후 나는 우리 회사에 부여된 기존의 업무를 잘 챙길 뿐만 아니라 지속 가능한 미래형 체제로 조직이 혁신 전환되도록 경영 전략을 잡았다. 취임 직후 "50년을 넘어 100년 K-water"로 나아가자는 슬로건을 가지고 "Quantum Jump Report"를 작성했는데, 이것은 국내 최고 공기업을 넘어 세계 최고의 물 기업으로 성장하는 미래 비전을 담은 보고서였다. "Water, Energy, City, ESG Nexus"라는 슬로건을 통해 회사의 업역을 명확히 정의했고, 세계 최고로 나가자는 의미로 "World Top K-water!"라는 구호를 회사 구성원들에게 제안했다. 지속 가능한 선진적 경영 패러다임인 ESG 경영 선언, RE100기업 선언 등을 통해 미래 기업이 가져야 할 내부 능력 및 사회 책임을 감당하는 면모를 가진 기업으로 전환시켰다.

공기업을 경영한다는 것은 구성원들과 함께 미래 혁신 비전을 공유하고, 조직의 역량을 결집해 비전을 성취할 뿐 아니라, 정책의 내용이나 청렴성, 이 모든 것이 국민의 눈높이를 만족할 수 있도록 해야 한다고 생각한다. 특히 비전을 구체화하기 위해 가장 기본이 되고, 우선이 되고, 중요한 것은 구성원들의 마음을 하나로 모으는 것이라고 판단했다. 'Top-down' 방식이 아닌 'Bottom-up' 방식의 구성원들과 함께 하는 비전 공유, 인사 및 복지 정책 등을 추진해 온 것은 매우 중요한 경영 성과였다. 이를 통해 취임 후 회사를 경영하는 동안 광범위한 구성원들의 공감, 지지를 이끌어 낼 수 있었고, 회사 조직 문화도 매우 건전해졌다고 확신한다.

미래 100년을 위해 회사전략 전환 및 사업 내용의 구체화에도 최선을 다했다. 물 관리 사업과 관련해서는 섬진강 유역

디지털 트윈 시스템 도입, AI 정수장 및 탄소 중립 정수장 구축, 정수장 ISO 22000(식품안전경영시스템) 인증 도입, 낙동강 하굿둑 통합 물 관리 시스템 구축, 4차 산업혁명 기술들을 도입한 시설물 안전 시스템, 관망 시스템 디지털 전환 등의 사업을 완료했고, 미래 반도체 산업에 꼭 필요한 반도체 용수 생산을 진행하고 있다. 에너지 사업과 관련해서 RE100 기업 달성, 주민 참여형 수상태양광 시스템 사업화, 수열에너지 사업 등이 순항하고 있다.

도시 사업 분야에서는 부산 에코델타시티(EDC) 스마트시티 시범 사업과 이를 위한 스마트빌리지 사업을 성공리에 진행하고 있고, 도시 홍수 관리 플랫폼 구축 등을 포함하는 스마트도시 플랫폼 구축, 도시 빅 데이터(big data) 운영 플랫폼 구축 등 미래형 사업으로 전환시키는 작업을 진행하고 있다. 또한 스마트시티 운영을 통해 생산되는 데이터를 수집, 분석해 새로운 서비스로 전환할 수 있는 빅 데이터 센터, 세계 최고 수준의 수질 분석 센터를 세종에 설립하는 계획을 마련했다.

K-water는 대한민국의 산업화와 궤를 같이하며 국가 발전의 첨병 역할을 성공적으로 수행해 왔다. 대한민국 한강의 기적을 일으키는 데 헌신적으로 그 역할을 감당해 온 기업이다. 이제 우리의 목표는 우리나라를 넘어 선진국 대한민국, 세계의 리더 국가 대한민국의 역할에 걸맞도록 세계 최고의

기업으로 성장해 세계의 물, 에너지, 도시 문제를 이끌어 가는 최고의 회사로 성장하는 것이다.

세계 가난한 나라부터 부자 나라에 이르는 모든 국가는 각 나라 수준별 물 문제를 안고 있다. 나는 아시아물위원회 회장으로서 Water Project 등의 사업을 통해 아시아 지역의 물 문제 해결에도 적극적으로 노력하고 있다. 경기도 화성에 국제물교육센터를 설립해 전 세계 관련 공무원들에 대한 교육을 진행하고 있으며, 이 센터를 유네스코 카테고리1 기관으로 격상시키는 준비를 하고 있다. 이렇게 될 경우 전 세계 많은 공무원에게 우리가 가지고 있는 물, 에너지, 스마트 도시 관련 노하우 교육을 함으로 명실공히 세계 공영을 이끄는 중요한 기능을 감당하는 회사로 성장하리라 확신한다. 야곱이 우물을 통해 지역의 평화를 가져왔듯이, K-water는 세계 물 문제를 해결해 국제적인 리더국의 역할을 온전히 이루도록 최선을 다할 것이다.

▮ 복 있는 사람은

어공으로 새로운 영역에서 직장 생활을 하면서 어떤 마음의 자세로 임해야 할까 고민해 보았다. 하나님 앞에 복 있는 사람으로 살아가는 지혜는 직장 속 크리스천들에게도 요구되는 지혜일 것이다. 하나님 앞에 복 있는 사람으로 서야겠다는 생각을 해 본다. 복 있는 사람이 되려면 어떻게 해야 하는가?

첫째, 악인들의 꾀를 따르지 않아야 한다. 우리가 살아가는 경쟁 사회에서는 나의 권력과 영역을 강화하고 넓히기 위해 많은 시기, 음모가 난무하기도 한다. 하지만 하나님은 이러한 악한 꾀가 아니라 선한 꾀를 요구하신다. 다니엘을 보아도, 그는 마음이 민첩한 사람이었다. 즉 선한 꾀로 여러 가지 음모를 이겨 나간 사람이었다. 선한 꾀란 무엇일까? 상황을 정확히 파악하고, 정확한 전략을 구사하되, 악한 꾀나 시스템에 말려들지 않고 이겨 내는 지혜다. 상황을 파악하는 안목을 키우는 것이 중요한데, 이를 위해서는 항상 숲과 나무를 바라볼 수 있는 안목으로 자기 능력, 사업 추진 환경, 국내 정세, 세계 정세, 사업 추진을 위한 인적 네트워크 등을 정확히 파악하고 확장시켜 나가야 한다.

둘째, 죄인들의 길에 서지 않는 것이다. 청렴과 정직이다. 정직은 마음을 가볍게 하고, 또 강하게 만든다. 공직에는 많은 권한이 따른다. 이 권한을 자칫 잘못 사용하면 큰 낭패를 볼 수밖에 없다. 악한 꾀 다음으로 정직하지 못하게 하는 유혹이 많다. 이 유혹을 이겨 내야 할 것이다.

셋째, 오만한 자들의 자리에 앉지 않는 것이다. 겸손이다.

그리스도는 겸손의 사람이셨다. 하나님이시지만 사람의 몸을 입으셨고, 죄인들을 위해 십자가에 죽으셨고 부활하셨다. 하나님이 우리에게 요구하시는 것은 낮아지는 것이다. 하나님의 겸손은 '척'이 아니라 '본질'이다. 겸손의 본질은 '상대보다 내가 우위에 있지만'이 아니라, '상대와 동질 되다'라고 고백하는 것이다. 하나님의 긍휼이란 하나님으로 계시면서 베푸시는 동정이 아니라, 직접 사람의 몸을 입고 직접 고통을 받으심으로 우리의 모든 것을 체휼하신 그리스도의 성육신인 것처럼, 하나님이 우리에게 요구하시는 것은 본질적 겸손이다. 우리가 얼마나 높은 자리에 있든, 낮은 자리에 있든 하나님이 요구하시는 명령이자 복 있는 사람이 가져야 하는 지혜다.

마지막으로, 여호와의 율법을 즐거워하고 그의 율법을 주야로 묵상하는 것이다. 말씀에 비춰 보는 것이다. 공무를 집행함에 있어 관련 법령이나 규칙 등을 따르지만, 규정이 명확하지 않은 부분도 많고, 의사 결정을 내리는 데 있어 결정하는 사람이 사용할 수 있는 권한의 폭도 넓은 편이다. 이때 내리는 결정은 성경에 비추어, 하나님의 성품에 부합하도록 해야 한다. 이 지혜는 깊은 묵상을 통해 삶의 지향점을 명확히 할 때 가능한 일이다.

현재 우리를 부르신 하나님의 계획은?

종말론적 관점에서 우리의 모든 삶은 하나님의 주권적 역사 속에, 하나님의 경영하심 속에 있음을 고백한다. 거시적 관점에서 역사를 살펴본다면, 우리는 세계의 패권 변화와 같은 거대한 역사의 흐름을 정확히 읽어 내기는 어렵다. 하나님이 이 세상을 어떻게 이끌어 가실지 기도하며 바라보고 기다릴 뿐이다.

하지만 미시적 관점을 하나님이 우리에게 요구하시는, 현재를 살아가는 우리 삶에 대한 관점이라고 할 때는 다른 면이 있다. 여기에는 다니엘의 삶의 모습을 롤 모델로 가져와 우리의 삶에 투영시켜도 크게 무리가 없을 것 같다. 특히 공무원으로 살아가는 크리스천들에게 다니엘의 삶은 좋은 롤 모델이 될 것이다. 하나님의 계시를 통해 보인 중요한 원칙들은 우리 삶의 골격이 될 것이다. 세상을 향한 하나님의 주권의 편만함을 인정하고, 성경을 통해 하나님의 계시를 살펴 하나님의 세상을 다스리시는 원칙을 잘 살펴야 할 것이다.

특별은총뿐 아니라 일반은총 관점에서 우리 직업에 대한 기준에 하나님의 성품이 투영되어야 한다. 따라서 이 세상과 우리나라를 향한 하나님의 정의, 긍휼 그리고 국민을 보호하고 평안하게 이끌어 가려 하는 소명이 충만해야 한다. 그리고 우리의 눈은 개인, 지역, 국민을 넘어 세계민으로 확산되어야 할 것이다.

크리스천으로서 공무원이 행하는 정책은 하나님의 성품에 어긋나지 않도록 결정되어야 할 것이다. 국가 발전을 이야기하다 보면 국수주의에 빠지기 쉽고, 세계 최고, 리더로의 성장을 이야기하다 보면 패권주의적 세계관에 빠지기 쉽다. 오히려 크리스천들은 국수주의나 패권주의를 탈피해 세계를 포괄적으로 충만히 사랑하시는 하나님의 마음을 닮아 하나님의 선한 청지기로서의 삶을 견지해야 할 것이다.

6.
주님 안에 있는 거룩한 삶

"오직 나는 여호와를 우러러보며
나를 구원하시는 하나님을 바라보나니
나의 하나님이 나에게 귀를 기울이시리로다"(미 7:7).

백양규 특허청

전남대학교 전자공학과에서 석사 학위를 취득한 후 1995년부터 1998년까지 기아자동차(아시아자동차) 전장 설계 분야에서 일했다. 그 후 2003년 일본 오사카대학교에서 공학 박사 학위를 받고, 2004년 특허청에 입사해 반도체 심사과, 전자상거래 심사과 등에서 근무했다. 현재는 바이오헬스케어 심사과에서 특허 심사업무를 하고 있다.

거룩한 삶의 여정

사람은 누구나 행복한 삶을 꿈꾼다. 사람마다 행복의 기준은 다르지만, 그것을 위해 다들 열심히 살아가고 있는 것이 인생이다. 그래서 그 사람의 삶에는 본인의 가치와 생각이 온전히 녹아 있다고 볼 수 있을 것이다. 지금 나는 내 삶을 돌아보며 내가 어릴 때부터 어떠한 생각의 흐름으로 삶을 이어 왔는지를 반추해 보고 싶다.

생각해 보면, 나는 어릴 때부터 영원한 삶에 대해 갈망하는 마음이 있었던 것 같다. 학창 시절 영화나 문학 작품을 좋아해서 한국 문학과 영화를 즐겨 읽고 보곤 했다. 대개 작품의 결말은 주인공들이 갈등을 겪던 문제들을 해결한 후 행복한 장면으로 마무리되곤 하는데, 그러면 나는 '그다음에도 주인공들이 계속해서 행복하게 살았을까?' 하는 의문을 갖곤 했다. '어차피 우리는 다 죽는데 잠깐 몇십 년 동안 행복하게 사는 것이 그렇게 큰 의미가 있나' 하면서 인생이 참 허무하다고 생각했다.

하지만 그러한 생각은 계속되지 못했고, 바쁜 학업과 일상생활로 시간이 흘러갔다. 그런데 자꾸 내 마음속에서 떠오르는 생각에 주목하고 그로 인해 괴로워하고 고민하는 자신을 발견하게 되었다. 항상 나 자신을 다른 사람과 비교해 열등감을 느끼고, 질투하고, 시기하고, 음란한 생각 등으로 가득 차 있는 내 내면에 심한 죄책감을 느꼈다. 원하지 않는데도 항상 떠오르는 생각은 내가 통제할 수 있는 것이 아니었다. 이 죄된 마음을 씻기 위해 '산속 깊은 곳에 가서 수련을 해야 하나, 아니면 다른 사람들을 위해 평생 봉사하면서 사는 것이 내가 해야 할 일인가?'라는 생각까지 했다.

그러다가 예수님에 대해 듣게 되었다. 복음이라는 것이었다. 예수님이 나의 죄를 위해 십자가에서 돌아가셨다고 한다. 처음에는 '사실일까?' 의심하는 마음도 있었지만, 죄의 문제를 해결하기 위해 그냥 믿기로 하고 그분을 받아들이는 기도를 드렸다. 그 후에 성경책을 보는데 마음속에 기쁨이 있었다. 성경은 우리를 향한 하나님의 약속으로 가득했다. 그분을 믿으면 내 죄가 없어진다는 약속의 말씀은 내 마음을 기쁘게 했다.

"내가 진실로 진실로 너희에게 이르노니 내 말을 듣고 또 나 보내신 이를 믿는 자는 영생을 얻었고 심판에 이르지 아니하나니 사망에서 생명으로 옮겼느니라"(요 5:24). 나는 직관적으로 이 성경 말씀이 사실이라고 믿어졌다. 그렇게 예수님을 믿는 믿음 생활을 시작했다. 나에게 복음을 알려 준 형제가 네비게이토 선교회 소속이어서 자연스럽게 그곳에서 말씀으로 하나님과 교제하는 법, 말씀 암송, 전도 등 관련된 훈련들을 받으며 신앙이 성장했다.

그러다 공부를 더 해 보고 싶은 마음에 회사를 그만두고 일본으로 유학을 떠났다. 유학 생활은 생각보다 쉽지 않았다. 언어 문제, 연구 결과를 도출해야 하는 스트레스, 경제적 필요 등 해결해야 할 문제들이 많은 상황이다. 하지만 주님의 은혜로 경제적 필요는 로타리 장학금을 2년간 받게 되어 해결되었고, 연구 성과가 학술지에 제출된 논문이 받아들여져서 무사히 졸업할 수 있었다. 지금 생각해 보면 하나님의 세심한 돌보심이 함께한 시간이었음에 하나님께 감사를 드린다.

유학 시절 일본 교회에 출석해 예배를 드렸는데, 그곳에서 만난 일본인 목사님, 한국 유학생들, 선교사님, 일본 성도님들과는 소중한 추억과 인연으로 이어지고 있다. 담임목사님은 일본 게이오대학교를 졸업하고 미국에 유학하여 그곳에서 예수님을 만난 후 전공을 경제학에서 신학으로 바꾸어 졸업하셨고, 기독교 토양이 척박한 일본에 교회를 개척해 목회하고 계시는 분이었다. 교회 초창기에는 투잡을 뛰면서 어렵게 목회했다고 했으나, 내가 출석할 당시에는 교회가 성장해 새로운 예배당으로 이사한 후 안정되고 있었다.

그런데 어느 날 목사님이 암에 걸리셨다는 소식을 들었다. 그 소식을 듣고 한두 달 만에 목사님은 소천하셨다. 예배 시간에 목사님이 마지막으로 성도들에게 남기는 영상을 보았다. 영상에서 목사님은 그동안 고마웠고 행복했다고, 천국에서 꼭 우리 교회만의 모임이 있을 것으로 생각한다면서 그때 함께 보자고 하셨다. 울컥 눈물이 나왔다. 우리는 이 땅에서 이런저런 일을 하지만, 하나님이 부르시면 가야 한다. 그래도 우리에게 천국의 소망이 있으니 얼마나 감사한가?

어느 정도 신앙생활을 하면서 느낀 점은 정말 변하지 않는 나의 모습이었다. 주님을 사랑한다고 하지만 여전히 자기중심적이고 이기적인 마음이 지배하고 있었다. 그래서 나는 새로남교회에 오고 얼마 되지 않아 두 가지를 결심했다. '모든 예배에 참석하기'와 '날마다 새벽기도 가기'이다. 무슨 마음으로 그런 결심을 했는지는 잘 모르겠지만, 지금 생각해 보면 하나님의 은혜다.

"오직 여호와를 앙망하는 자는 새 힘을 얻으리니 독수리가 날개 치며 올라감 같을 것이요 달음박질하여도 곤비하지 아니하겠고 걸어가도 피곤하지 아니하리로다"(사 40:31). 이 말씀을 붙잡고 기도의 자리에 나아갔다. 물론 피곤해서 조는 시간도 많았고, 새벽기도 다녀와서 다시 자는 경우도 많이 있었다. 그러나 하나님은 새벽에 주님을 만나는 기쁨을 주셨고, 주님과 함께하는 예배 속에서 맛보는 달콤함은 나로 하여금 계속 기도하게 하는 힘이 되었다.

이렇게 예배와 기도를 계속하면서 나의 속사람이 조금씩

깨끗해져 감을 느낄 수 있었다. 그전에는 내 힘으로 거룩함을 추구했는데, 이것이 얼마나 어리석은 일이었는지를 깨닫게 되었다. 주님 안에 거하고 그분과 연결될 때 우리의 깨끗함이 보장되는 것이었다.

"하나님의 말씀과 기도로 거룩하여짐이라"(딤전 4:5)라는 말씀처럼, 정말로 기도와 말씀은 나를 변화시키는 능력이 있었다. 그렇다고 내가 완전히 거룩한 사람이 되었다는 뜻은 결코 아니다. 내가 느끼기에 악한 생각이 조금 덜 나고, 마음을 조금 더 지킬 수 있을 뿐이지, 나는 여전히 죄인이고 하나님의 은혜가 필요하다. 우리는 이런 거룩한 삶의 여정과 자기 죽이기를 주님 안에서 평생 해야 한다. 그만큼 죄의 권세가 강력하기 때문이다. 거룩하게 살고자 하는 자에게 우리 주님이 힘을 주신다.

▌특허청으로 인도하심

특허청은 특허 심사와 심판, 관련 정책들을 수행함으로써 국가 산업 발전에 기여하는 기관이다. 특허청이 삼성과 애플의 특허 분쟁을 제외하고는 그렇게 주목받은 적이 별로 없는 것으로 기억되는데, 최근에는 미중 간 패권 경쟁이 거의 기술 경쟁으로 발전되면서 특허청의 역할이 더 중요해지고 있다고 생각한다.

　나는 주로 특허 심사 업무를 처리하는 관계로 업무 자체가 특허의 기술적인 내용을 파악하고 관련 기술을 검색, 비교 판단해 특허법에 따라 특허 여부를 결정하는 것이라서 주로 혼자 일한다. 다른 공무원들처럼 정책을 만들어 협의하거나 예산을 집행하는 일이 아니기 때문에 사람들과의 관계적인 어려움은 적은 반면에, 업무량이 많고 특허 판단에 대한 고민이 항상 있다. 다행히 내게는 이러한 심사관 업무가 적성에 잘 맞아서 특허청으로 인도해 주신 하나님께 감사를 드리고 있다. 크리스천으로 이 땅 가운데 정의와 공의가 실현되기를 기뻐하시는 하나님을 따라 특허 판단 업무에 실수가 없도록 마음을 담아 일하고 있다.

　얼마 전부터 특허법 일부를 개정하는 업무도 같이 하고 있다. 사람을 수술, 치료 또는 진단하는 방법의 발명으로 의료 방법 발명이라고 하는데, 지금까지 특허를 허가하지 않아 왔다. 그 이유는 의료 방법 발명에 특허 권리를 주게 되면 의료인들이 그 방법으로 환자를 수술, 치료, 진단할 때 특허권 침해를 피하느라 자유로운 의료 행위에 방해를 받아 환자들의 생명을 위협할 수 있기 때문이다.

　그러나 4차 산업 혁명 기술과 의료 기술이 융합되면서 수술 로봇에 의한 수술 방법, 인공지능을 활용한 환자 진단 방법, 디지털 치료 방법 등 의료 신기술에 대한 특허권 보호가 화두로 떠오르고 있다. 관련해서 특허청에 청구된 특허도 급격히 증가하고 있으며 나라마다 국부 창출에 기여하는 진단 의료, 생명 공학 등으로 특허 대상을 확대하고 있다. 이에 특허청은 인체를 대상으로 하는 수술, 치료 또는 진단 방법 발명에 대해 특허를 허용하되, 의료인들이 침해에 대한 우려 없이 의료 행위를 실시할 수 있도록 의료 방법 발명 특허권의 효력이 의료인이 하는 의료 행위에 미치지 않도록 면책 특권을 주어 이 문제를 해결하고자 한다.

우리나라는 우수한 인재들이 의대 및 약대에 집중되어 있고, 정보 통신 및 의료 기술이 뛰어나므로 의료 방법 발명에 특허를 허가해 의료 산업 분야에서 경쟁력을 확보, 국가 산업 발전에 기여하도록 하겠다는 것이 특허법 개정의 취지다. 이 일을 위해 거의 2년 동안 국내외 관련 자료를 조사하고, 용역 사업과 보고서 작성, 공청회 개최, 관련 단체 설문 조사 등을 진행하면서 우리나라의 산업 발전에 어떤 특허법 개정이 최선일까 많이 고민했다. 공무원이 법 개정을 통해 나라 발전에 조금이라도 기여한다는 자부심이 더 열심히 일하게 하는 원동력인 것 같다.

또한 생명을 소중히 여기시는 하나님을 믿는 사람으로서 의료 기술과 환자 보호의 최선의 방안은 무엇인지 끊임없이 질문했다. 언뜻 환자들을 위해 의료 방법 발명의 특허권을 발명자들에게 주지 않는 것이 바람직하게 보이나, 이를 다시 생각해 보면 의료 방법 기술의 특허권을 인정해 기술 발전을 유도하고 그 열매를 환자들과 나누는 것이 넓은 의미에서 환자의 생명을 더 보호할 뿐만 아니라 하나님께서 기뻐하시는 길이라 여겨진다. 아직은 반대 단체 설득과 국회의원을 통한 발의 과정 등이 남아 있지만, 하나님께 기도하면서 최선의 개정이 잘 이루어져 우리나라 의료산업 발전과 생명 보호에 조금이나마 힘이 되기를 소망한다.

▌신우회 활동

대전청사 특허청 신우회는 매주 목요일 점심시간 예배를 중심으로 여러 가지 활동(기도, 찬양 모임 등)을 하고 있다. 코로나19 팬데믹 상황으로 온전한 예배와 모임이 중단된 적이 있지만, 바로 비대면 예배를 시작했고, 지금은 대면 예배로만 모임을 이어 가고 있다. 1998년 특허청이 서울에서 대전으로 이전한 때부터 선배님들이 신우회를 조직해 예배를 드리고 있으니, 꽤 오랜 시간 신우회는 직장 가운데서 우리 영혼의 안식처가 되어 왔다.

대전청사의 신우회 활동은 각 청에 신우회가 있어 평소에는 청별로 예배를 드리고, 특별 절기(신년 감사, 부활절, 성탄절 등)에는 청사 연합회로 모여 함께하고 있다. 특히 특허청은 청사 내에서 직원이 가장 많은 관계로 함께하는 회원들도 많아 청사 연합회 활동에 언제나 중추적인 역할을 감당하고 있다.

나도 꽤 오랫동안 특허청에서 기도 부장으로 섬겨 오면서 매주 수요일 아침 평소보다 일찍 출근해 회원들과 함께 목요일 예배와 나라와 민족, 최근 이슈들과 참석자 기도 제목 등을 가지고 기도하고 있다. 특별히 크리스천이자 공무원으로 이 나라의 복음화와 북한 동포들의 구원, 남북통일, 자유민주주의 체제로의 통일, 독일과 같은 평화적 통일을 위해 간구하고 있다. 이렇게 기도하다 보면 함께 기도하는 동료들의 형편도 더 잘 알게 되고, 주님 안에서 더 가까워지는 경험을 할뿐더러, 나라 사랑의 마음이 커져 간다.

또한 청사 연합회 총무로서 청사 전체의 신년 감사 예배, 성탄절 예배 등을 준비하고 진행하면서 관련 지체들의 많은 도움을 받았던 일들은 지금까지도 생각난다. 1월에 하는 신년 감사 예배로 기억되는데, 그때 대전 시립교향악단을 초청해 청사 중앙홀에서 점심시간에 금관악기를 이용한 공연을 했다. 웅장한 악기의 화음으로 찬송가와 영화 〈미션 임파서블〉의 주제곡 등을 연주하면서 청사 직원들의 눈과 귀를 사로잡았다. 지휘자의 재미있는 음악 해설도 공연을 이해하는

데 많은 도움이 되었다.

좀 안타까웠던 점은, 공연을 위해 솔리스트와 연주자들이 오셨는데 겨울인 관계로 추운 환경에서 노래와 연주를 하게 한 점이 두고두고 죄송한 마음으로 남아 있다. 나중에 알고 보니 대전 시립교향악단 지휘자가 내가 섬기는 새로남교회 집사님이셨다. 이 자리를 빌려 감사의 말씀을 드린다.

청사에서 신우회 활동을 하면서 가장 아쉽게 생각되는 기억은 선배님들이 청사 건축과 함께 마련해 두었던 청사 예배실을 지키지 못한 것이다. 그 예배실은 직원 식당과 체육 시설에서 가까워서 우리가 이동해서 예배를 드리는 데 참 좋은 장소였다. 문제는 청사 관리소장이 청사 예배실을 직원들을 위한 요가 활동 장소로 바꾸어서 그 근처를 전부 체육 활동 공간으로 하겠다고 하면서 시작되었다. 대신에 직원 근무 공간보다 더 떨어져 있는 장소에 예배실을 조립식으로 만들어 주겠다고 했다.

우리 청사 신우회 회원들은 당연히 반대하면서 예배실을 지키기 위해 기도했으며, 그 제안을 재고해 달라고 청사 소장에게 항의 방문을 하며 문제를 해결하고자 노력했다. 소장도 기도회와 예배에 참석해 우리 목소리를 듣는 것 같았다. 신우회 회원들은 이 기회에 소장에게 예수님을 알려 주고 복음을 전했다. 나중에 들으니 소장도 예수님을 믿게 되었다고 한다.

그러나 이러한 대치 상태가 한두 달 지속된 어느 날, 소장이 예배실을 따고 들어와 장의자를 포함한 예배 도구들을 창고에 넣어 두고 예배실을 폐쇄해 버렸다. 정말 막막했다. 그리고 얼마 있지 않아 소장은 다른 곳으로 발령이 나 청사를 떠났다. 며칠만 버텼으면 예배실을 지킬 수 있었을 것이라는 후회만 남는 순간이었다. 그래도 소장이 예수님을 진정으로 영접했다면 한 생명은 구한 것이라는 위로로 남아 있다.

신우회 활동을 하면서 뿌듯한 순간은 절기 예배 등을 위해 외부에서 목사님들을 초청하면 이구동성으로 "외국에서는 이미 공공 기관에서 예배를 금지하는 곳이 많은데, 우리나라는 청사에서 공무원 크리스천이 중심이 되어 예배를 드리고 있으니 이 나라는 희망이 있다"고 격려해 주실 때다. 목사님들의 말씀에 자부심도 느끼고, 더 큰 사명감을 가지고 공직 사회에서 크리스천으로서 선한 영향력을 끼치고, 후배들이 계속해서 청사 예배의 자리를 지켜 가도록 물려주어야겠다고 다짐해 본다.

7

나의 가는 길,
주님이 인도하십니다

"보라 내가 새 일을 행하리니
이제 나타낼 것이라
너희가 그것을 알지 못하겠느냐
반드시 내가 광야에 길을
사막에 강을 내리니"(사 43:19).

백호성 　조달청

방송통신대학교 법학과를 졸업하고, 연세대학교 행정대학원에서 행정학 석사를 취득하였다. 1993년 국가직 행정서기보 9급으로 공무원에 임용되어 인천지방조달청, 중앙인사위원회, 청와대를 거쳐 현재는 조달청에서 전자조달기획과장(부이사관)으로 근무하고 있다. 2015년부터 조달청 신우회장을 맡아 기독 공직자로서의 사명 실천을 위해 노력하고 있으며, 2018년에는 정부대전청사 기독선교회장을 역임했다.

모든 희망이 사라졌다고 느낄 때
새 길을 열어 주시는 주님

어린 시절 내가 마주한 현실은 하루하루가 힘든 지독한 가난이었다. 아버지가 고된 노동으로 매일 일당을 벌어야만 생계를 유지할 수 있었다. 쉽게 벗어날 수 없는 가난의 굴레 속에서 내가 선택한 길은 학비가 면제되는 체육 특기생(핸드볼 선수)이었다. 매일 아침 학교가 아닌 체육관으로 등교해 이를 악물고 운동을 했다.

그러나 내가 부딪쳐야 했던 벽은 가난과 운동선수에 대한 곱지 않은 시선과 편견이었다. 가난한 아이, 더럽고 냄새나는 아이, 공부 못하는 어리석은 아이, 몸 하나 믿고 센 척하는 문제아…. 내 뜻, 내 모습과 상관없이 나는 그런 사람이 되었고, 무시와 냉대도 내 몫이 되었다.

그 외롭고 열악했던 사춘기 시절, 현실이 버겁고 힘겨울 때마다 나는 교회로 달려갔다. 그곳에서 먼저 나를 아시고 사랑으로 품어 주시는 주님을 만났고, 평안과 새 힘을 얻었다. 그리고 내 모습 그대로 편견 없이 바라봐 주며 방황하지 않도록 붙잡아 주던 교회의 누나, 형들은 또 다른 버팀목이었다.

중학교 2학년 말, 전국 대회의 저조한 성적으로 나는 학비 면제를 받을 수 없게 되었다. 운동선수를 계속할 이유가 없어졌고, 그렇게 그 길을 그만두었다. 운동만 하던 나에게 뒤늦게 시작한 공부는 결코 녹록지 않았다. 그러나 이제 내가 할 수 있는 길은 열심히 공부해서 장학생으로 대학에 들어가는 것뿐이라 독하게 마음을 먹었고, 그 절실함과 절박함으로 입시 준비를 했다.

그러나 결과는 모두 불합격. 장학생이 되기 위해 안정권으로 하향 지원을 했건만 모든 학교로부터 외면당한 결과를 나는 받아들이기 어려웠다. 내게 희망이라 여겼던 모든 길이 사라졌다고 느꼈고, 절망했다. 어려운 가정 형편 탓에 재수는 내게 꿈도 꿀 수 없는 사치였다. 학업은 군대를 다녀와서 스스로 벌어서 하겠다는 생각으로 일찍 군대를 자원했고, 입대 전 1년 정도 아파트 공사장을 다니며 용돈을 모았다.

그러던 중 총무처에서 주관하는 국가직 9급 공무원 채용 시험 소식을 접하게 되었다. 시험 날짜는 입대 예정일 기준 두 달 전. 그동안 모아 왔던 용돈을 털었고, 비록 짧은 기간이었지만 시험을 준비했다. 공무원 시험을 본 후 나는 결과를 확인하고 입대하기를 원했다. 어머니에게 입대를 연기해 달라고 말씀드렸지만, 어머니는 단호하고도 야속하게 거절하셨다. 결과 발표 20일을 앞두고 어머니에게 수험표를 드리며 결과 확인을 부탁드렸고, 그렇게 군에 입대했다.

훈련소에서 6주간 기초 훈련을 받고 있던 어느 날, 위병소에 부모님이 와 계시다는 소식을 전달받았다. 위병소에 가 보니 두 눈이 빨갛게 충혈된 어머니와 아버지가 계셨다. 어머니는 나를 부둥켜안고 한참을 목 놓아 우셨다.

공무원 필기시험(1차) 합격. 아들의 합격을 확인한 후 부모님은 입대 연기를 그토록 원했던 아들을 매몰차게 군대로 보낸 미안함에 마음이 무너졌고, 어떻게든 나를 찾아야 한다는 일념으로 훈련소 이곳저곳을 며칠에 걸쳐 찾아다니셨다.

'우여곡절'이라는 말이 맞을 것 같다. 그다음 날은 2차 서류 마감일로, 당장 종합병원의 신체검사(2차)를 받아 총무처로 보내야 했다. 이런 급한 사정을 군대에서 배려해 주어 이후 면접시험(3차)까지 통과하며 나는 공무원에 최종 합격했다. 군 생활을 잘 마치고, 1993년 12월 인천지방 조달청에서 공무원으로 첫발을 내디뎠다. 주님은 내가 알 수 없는 방식으로 일하셨고, 내 계획이 아닌 주님의 계획으로 새로운 길을 열어 주셨다.

■
한 치 앞도 보이지 않던 어두운 터널, 그 너머 고속도로를 만나게 하시는 주님

2001년 초 나는 7급으로 승진되어 7급 이상만 근무할 수 있는 조달청 본청(정부대전청사)으로 인사이동을 앞두고 있었다. 인사부서로부터 이번 정기 인사에는 본청으로 발령될 것이라는 통보도 받았다. 대전으로 이사할 거처를 알아보고 짐도 거의 정리했으나, 최종 인사 발령 명단에 내 이름은 없었다. 모든 계획은 원점이 되어 버렸다. 알 수 없었다.

그해 늦가을, 나는 대전이 아닌 서울에 있는 중앙인사위원회로 부처 간 이동을 하게 되었다. 갑작스러운 이동이었다. 중앙 부처 모든 공무원의 인사를 담당하는 중앙인사위원회에서 나는 회계와 계약 업무를 담당하게 되었다.

2004년 중앙인사위원회에 큰 변화가 일어났다. 그동안 정부의 인사 업무 중 공무원의 채용과 교육, 소청 업무는 행정안전부에서 담당했고, 고위 공무원 인사 업무는 중앙인사위원회에서 담당하고 있었다. 그런데 모든 인사 업무가 중앙인사위원회로 통합된 것이다. 국회에서 조직 통합 법안이 통과되어 3개월 안에 인력과 조직을 통합해야 했다. 이를 위해 나에게 예산을 증액하는 추경 업무와 건물 이전 및 조직 통합 업무가 맡겨졌다. 조달청에서 그동안 배우고 익힌 계약 업무의 경험이 크게 발휘되었다. 모든 일이 순적하게 마무리되었고, 조직에서 성과도 크게 인정받았다.

그런데 의외의 일이 벌어졌다. 조직 통합의 공로를 인정받아 인사 업무에 문외한인 나에게 인사 업무의 최고봉인 보임계 발령이 주어진 것이다. 이는 많은 간부의 반대에도 불구하고 중앙인사위원회 위원장이 나를 핵심 보직으로 발령하라는 지시로 이루어진 일이었다. 보임계의 업무는 대통령이 임명하는 5급 이상의 공무원을 발령하는 일로, 나는 청와대 등 25개 중앙 부처의 5급 이상 공무원의 인사를 작업하는 일을 맡게 되었다. 너무도 과분한 자리였고, 그야말로 파격 인사였다. 도무지 이해할 수 없었다. 중앙 부처 모든 공무원의 인사를 담당하는 가장 핵심 부서인 보임계는 그만큼 큰 권한이 주어지는 보직이었고, 누구나 맡고 싶어 하는 업무였다.

그 당시 나의 학력은 고졸. 인사 관련 업무 경험은 전무(全無). 새로 발령받은 그날, 기존의 고학력 출신 인사 담당 선배들로부터 받은 싸늘한 시선과 표정이 잊히지 않는다. 며칠이 지나도 어떤 도움도, 어떤 조언도 없었다. 어떤 업무 지시도 내려오지 않았다. 숨 막힐 것 같은 시간을 버티며 "주님, 이 상황을 역전시켜 주십시오. 이곳으로 인도하신 주님, 뜻을 찾게 해 주십시오"라고 기도하고 또 기도했다.

나는 업무 관련 자료와 책을 뒤지기 시작했다. 알려 주지 않으니 스스로 익히기로 했다. 잘 모르기에 정석대로, 기본에 충실하게 일하자 마음먹었다. 그렇게 몇 개월이 흘렀다. 인사위원회 게시판에 칭찬의 글이 올라오기 시작했다. 각 부처 인사 담당자들이 올린 나에 대한 칭찬들이었다. 이전의 인사와 달리 공정한 인사 진행을 칭찬한다는 내용이었다. 학벌과 성력을 뛰어넘도록 주님이 일하고 계심을 경험할 수 있었다.

중앙인사위원회 보임계에 그렇게 적응해 가던 그때, 청와대 총무 비서관실 인사담당행정관의 후임으로 추천을 받게 되었다. 정부 각 부처 내로라하는 인사 담당자들과의 치열한 경쟁과 면밀한 면접 심사 과정을 거쳐 2005년 청와대 인사담당행정관이 되었다. 인사 업무에 입문한 지 고작 10개월, 고졸 학력인 나로서는 감히 상상조차 어려웠지만, 주님은 그것을 가능하게 하셨다.

청와대 근무 시절에는 새벽 5시 출근, 밤 11시 퇴근(인천 서울 간 출퇴근)이라는, 그야말로 살인적인 스케줄로 내 인생에서 가장 바쁜 시간을 보냈다. 많은 업무로 매주 토요일에도 출근해야 했지만, 주일 예배와 찬양대 봉사는 쉬지 않고 철저히 지키고자 힘썼다.

그 시기 나는 세 자녀의 아버지가 되었다. 어떤 여유도 찾아볼 수 없는 상황이었다. 그때 생각지도 못했던 기회가 찾아왔다. 국비 장학생이 되어 그동안 미뤄 왔던 공부를 할 수 있게 된 것이다. 도저히 불가능한 일 같았다. 그러나 아내의 적극적인 지지와 감당할 수 있는 상황과 초인적인 체력까지 허락하신 주님의 은혜로 대학에서는 법학, 대학원에서는 일반행정을 전공할 수 있었다. 장학생이 되기를 원했던 십 대 시절 나의 소망과 바람을 주님은 전혀 다른 시간에 이루어 주셨고, 불가능이라 여겼던 상황도 가능으로 만들어 주셨다.

나는 현재 공무원의 첫 출발지인 조달청에서 일하고 있다. 2001년 대전으로 가는 길을 막으셨던 주님은 10년이 흐른 2011년, 대전으로 나를 인도하셨다. 10년이라는 시간 동안 수많은 훈련을 통해 놀라운 성장을 이루어 주셨다. 어두운 터널, 도무지 알 수 없는 막막함으로 가득했던 나의 삶에 주님은 세밀하게 역사하셨고, 주님이 만들어 주신 길은 그야말로 고속도로와 같은 지름길이었다.

"여호와는 나의 목자시니 내게 부족함이 없으리로다"(시 23:1)

2017년 9월 말, 조달청 운영지원과장(인사과장)으로부터 10월 추석 이후 본청으로 들어오라는 전화를 받았다. 그동안 공석이던 본청 혁신행정담당관으로 발령을 내겠다는 것이었다. 나는 2016년 5월 인천지방 조달청 자재구매과장으로 승진하여 고향인 인천에서 근무하는 중이었다. 본청보다 수월한 업무를 맡아 일할 수 있는 지방청에서 좀 더 근무하고, 과장급 장기(1년) 교육 훈련까지 받은 후에나 본청으로 들어가겠다는 나름의 계획을 갖고 있었다.

이 시기는 박근혜 정부에서 문재인 정부로 정권이 교체된 시기로, 혁신·성과·조직 운영이 주 업무인 혁신행정담당관실은 많은 업무가 폭주해 그야말로 폭발 직전의 상황이었다. 더욱이 국무조정실 정부 업무 평가의 주관 부서로, 기관장(조달청장)의 성과를 평가받는 부서이기에 누구나 꺼리는 자리였다. 과거 몇 년간 조달청의 정부 업무 평가는 미흡과 보통 정도의 평가를 받고 있었다.

결국, 추석 연휴 다음 날 혁신행정담당관으로 발령받았다. 전임 과장의 갑작스러운 휴직으로 두 달간 공석이었던지라 업무는 그야말로 산더미처럼 쌓여 있었다. 과중한 업무로 극도의 긴장감과 부담감을 가지고 지내는 시간 속에서 주님을 찾을 수밖에 없었다. 매일 아침 눈을 뜨면 "오늘도 잠에서 깨어나게 하시고 호흡과 생명을 주신 주님! 오늘 하루 살아갈 힘과 능력 또한 주옵소서"라는 기도가 저절로 나왔다. 이렇게 순간순간 주님의 도우심을 간구하며 모든 난관을 극복해 나갔다.

혁신행정담당관으로 재직한 2017년과 2018년도 국무조정실의 정부 업무 평가에서 조달청이 연달아 우수 기관으로 선정되었다. 이는 과거 조달청이 '나라장터'라는 전자입찰시스템을 도입해 전자 정부에 기여한 바가 인정되어 우수 기관으로 선정된 이후 14년 만의 일이었다. 또한 2019년 인사과장인 운영지원과장으로 발령된 이후에는 공정한 인사, 합리적인 인사제도 운영으로 공공 기관 전체를 대상으로 한 인사 혁신 경진대회에서도 조달청 최초로 대상을 수상했다.

나의 능력으로는 절대 감당할 수 없는 일들 가운데 주님은 함께하셨고, 업무마다 큰 성과를 이루게 하셨다. 또 이러한 공적을 통해 부이사관(3급)으로 초고속 승진하게 하셨다. 주님은 쉽고 편하게 공직 생활을 하려고 했던 나를 들어 어려운 곳으로 보내셨고, 광야와 같은 그곳에서 주님을 찾도록 하셨다. 나의 어리석음과 부족함 가운데 주님은 나의 목자가 되셔서 내게 부족함이 없음을 고백하게 하셨다.

▎크리스천 공직자의 사명을 향하여

2011년 대전에 오면서부터 새로남교회에 출석하고 있다. 주일학교 유치부 교사로 봉사하면서 제자훈련의 소망을 품게 되었고, 2015년 제자·사역 훈련을 받았다. 훈련을 통해 그동안의 신앙을 점검하고, 앞으로의 인생이 하나님 중심, 성경 중심, 교회 중심, 가정 중심, 영적 지도자 중심의 삶으로 변화되기를 다짐했다. 더불어 직장에서 크리스천 공직자로서의 사명을 고민하게 되었다. 그렇게 만나게 된 것이 조달청 신우회다.

2015년부터 조달청 신우회(실로암회)의 회장을 맡아 지금까지 섬기고 있다. 또한 2018년에는 정부대전청사 기독선교회의 회장을 맡으면서 조달청을 넘어 정부대전청사에 함께 근무하는 중앙 부처 공무원들을 마음에 품고 기도하게 되었다. 주님이 나를 공무원으로 부르시고, 크리스천 공직자로서의 사명을 주심을 조금씩 알아 가고 있다. 그렇기에 나는 '기독 공직자 윤리 강령'을 늘 마음속에 간직하려고 노력한다.

하나, 나는 공직자로서 맡은 바 직무와 국민을 섬기는 일에 최선을 다한다.

둘, 나는 어려운 동료를 돕고 직무를 통해 소외된 이들을 배려한다.

셋, 나는 부정부패와 지연, 학연 등 연고로 인한 부당한 행위를 하지 않는다.

넷, 나는 언제 어디서나 전도하고, 성경 말씀을 나누는 제자의 삶을 산다.

다섯, 나는 정직, 경건한 삶으로 복음에 합당한 공직 문화 조성에 앞장선다.

매주 목요일 점심시간 나는 정부청사 후생동 예배실로 향한다. 조달청 신우회 실로암회 예배가 있는 시간이다. 실로암회는 조달청 크리스천들이 함께 기도하고 찬양하는 예배 모임이다.

조달청은 공공 기관이 필요로 하는 물자의 구매·공급 및 관리에 관한 사무와 정부의 주요 시설 공사 계약에 관한 사무를 관장하는 중앙행정기관이다. 또한 국방상용물자를 구매하고 원자재를 비축하며, 국가종합전자조달시스템(나라장터)을 운영하고, 정부 물품과 국유 재산을 관리하며 국가 경제 정책을 지원하는 역할을 하고 있다.

나라장터에서 거래되는 규모는 연간 120조 원에 이른다. 이중 2021년도 기준으로 52조 원 상당의 공공 기관의 수요 조달 계약을 조달청 직원들이 직접 담당한다. 1,000명 정도의 조달청 직원들이 감당하기에는 너무도 많은 일이고 어려운 업무다.

조달청과 직원들을 위해 기도하는 실로암회의 사명이 중요한 이유가 이 때문이다. 실로암회는 매주 나라와 민족을 위한 기도, 정부대전청사 기독선교회와 공무원들을 위한 기도, 조달청을 위한 기도, 실로암 예배와 회원들을 위한 기도를 드리고 있다. 이 기도의 불씨가 실로암회를 넘고, 정부대전청사 기독선교회를 넘어 대한민국 크리스천 공직자들로 이어져 대한민국이 크리스천 공직자들로 인해 주님께 칭찬받는 나라가 되길 소망해 본다.

8

구별과 공생의 균형

"복음에는 하나님의 의가 나타나서
믿음으로 믿음에 이르게 하나니
기록된 바 오직 의인은 믿음으로 말미암아 살리라
함과 같으니라"(롬 1:17).

송정현 **충북개발공사**

대전대학교 토목공학과를 졸업하고, 2000년 육군 공병 장교로 임관했다. 제대
후 2004년 계룡건설에서 근무 중 2008년 충북개발공사(지방공기업)로 이직했다.
산업단지개발(제천 제2사업단지, 오송 제2생명과학단지 등), 도시개발(청주밀레니엄타운),
경제자유구역개발(청주 에어로폴리스 2지구) 등의 단지개발사업 감독 및 사업소장을
역임했으며, 현재 충북개발공사 도시개발재생처 차장으로 재직 중이다.

▮
공직의 시작

나의 첫 공직은 새로운 밀레니엄을 알리던 2000년, 대한민국 육군 공병 장교로 시작했다. 새로남교회 대학부에서 신앙의 동료, 선후배들과 함께 훈련을 받고 신앙의 성장을 이루었지만, 공병부대 특성상 휴일 없이 계속되는 공사 감독 업무와 훈련으로 주일 성수를 하지 못했다. 예배를 자유롭게 드릴 수 없는 환경은 믿음의 퇴보를 가져오는 요인이 되었다. 물론 국가를 위한 사명감과 책임감으로 맡은 바 업무에 최선을 다하고 보람을 느끼기도 했지만, 신앙 문제는 계속해서 나의 내면을 가라앉게 만들었다.

제대 후 특별 새벽 기도회를 통해 하나님과의 교제와 신앙의 회복을 경험했고, 대전 지역의 민간 건설사에 취업해 경제적 독립과 안정을 이루었다. 이후 대학부 시절부터 함께 사역한 자매와 청년부에서 교제를 시작하고 결혼해 가정을 이루었으며, 현장 인근 지역 교회에 출석하면서 신앙생활을 계속했다. 하지만 업무상 주일에도 출근해 현장 관리를 하다 보니 주일 성수를 지속적으로 하지 못했다. 모태 신앙인으로서 부모님이 가르쳐 주신 예배의 자리를 온전히 지키지 못한다는 부담감은 계속되었다.

주일 성수를 위한 이직

하나님의 은혜로 아내가 첫째 아이를 임신했을 즈음에 주일 성수에 대한 결단이 필요하다고 느끼게 되었다. 앞으로 자녀를 신앙으로 양육하며 믿음의 세대 계승을 온전히 이루기 위해서는 우리 가정에선 예배가 최우선이 되어야 한다고 생각했다. 아내와 함께 대화를 하고 하나님께 주일 성수를 할 수 있는 길을 열어 달라고 기도하기 시작했다.

첫째 아이가 태어나고 둘째 아이를 임신했을 무렵 그동안 생각하지 못했던 회사의 채용 공고가 눈에 들어왔다. 충청북도에서 출자한 지방공기업(충북개발공사)에서 토목직 경력 사원을 모집하는 공고였다. 이곳이라면 주일 성수를 하며 이웃을 위해 봉사할 수 있겠다는 생각에 하나님께 기도하며 서류를 제출했다.

내가 지원한 직급의 채용 예정 인원은 1명이었는데, 지원자가 100명이 넘는다는 인사 담당자의 이야기를 듣고서 마음 한편에 불안이 생겼다. 하지만 기도하는 가운데 하나님께서 원하시면 나를 보내실 것이란 믿음이 생겼다. 서류 전형을 통과하고 면접 대상자 6명 중에 내 이름이 있는 것을 보고서 믿음은 확신이 되었다. 기도하는 마음으로 최종 면접을 치르고 합격 통지 전화를 받았을 때, 하나님께 가까이 나아가고자 하는 사람의 일을 하나님께서 이루어 주심을 깨닫게 되었다.

다시 시작한 공직과 갈등

2008년 3월, 하나님께서 기도에 응답하신 충북개발공사로 이직해 군 생활 이후 공사 감독으로서 다시 공적 업무를 시작했다. 이직하는 과정은 은혜로웠으나 그 시절은 참으로 어려웠고, 그 시작은 연봉 계약부터였다. 이전에 민간 건설사에서 받던 연봉의 절반 정도인 연봉 계약 금액을 보면서 과연 이 돈으로 우리 가정의 경제 상황이 유지될 수 있을까 싶었다. 곧 둘째 아이 출산을 앞두고 있던 상황이라 고민은 더욱 커졌다.

그때 다시 하나님께 기도드렸다. "하나님! 우리 가족의 주일 성수를 위해 기도드렸고, 이렇게 응답해 주셨는데, 저는 아직도 무엇을 먹을까, 무엇을 입을까 고민하는 신앙의 유아기입니다. 예배를 최우선으로 하는 가정이 되게 하시고, 우리 가정을 이끄시는 하나님을 전심으로 믿게 하소서." 이렇게 기도드리며 연봉 계약서에 서명하고, 아내에게도 당분간 경제적으로 어려움은 있겠지만, 공적 예배 사수와 신앙의 세대 계승을 위해 함께 인내하자고 부탁했다. 아내는 고맙게도 흔쾌히 동의해 주며 함께 믿음의 가정을 세우는 일에 동참해 주었다.

입사 후 회사에서 처음 시작한 제천 사업에 첫 감독으로 부임하게 되어, 청주로 이사한 지 3개월 만에 다시 제천으로 가족이 다 같이 이사했다. 첫 사업을 맡은 만큼 더욱 열심히 업무에 매진하며 사업 관리, 공사 감독, 민원 대응 등 시간을 몇 배로 사용하는 듯한 느낌으로 살았다. 대규모 단지 개발이 주 업무이다 보니 사업 초기에는 보상 민원이 많았다. 시공 단계에서도 아직 남아 있는 미보상 필지 소유자들을 찾아다니며 사업의 공익성과 지역 발전에 대한 설명을 드리고, 한편으로는 그분들의 보상 감정가격에 대한 불만도 들어 드리면서 사업을 추진했다.

보상이 마무리될 때 즈음해서는 공사 추진에 대한 업무와 관련 민원이 늘어났다. 보상 지연으로 인한 토목공사 공기 지연이 발생하면서 공기를 만회할 수 있는 회의를 계속해서 진행하고, 또 다른 곳에서는 발파로 인한 소음, 분진 등에 대한 민원 응대도 하고, 지역 장비나 자재 사용을 요구하는 지역 건설노조의 집회에 대해서도 대응해야 했다. 감리 회사 없이 직접 감독 업무를 하다 보니 해야 할 일들이 산더미처럼 쌓여 갔다.

그럼에도 지역 발전과 도민의 삶 향상에 이바지할 수 있다는 생각에 기쁜 마음이 들었다. 또한 주일이면 가족이 함께 지역 교회에서 주일 성수를 하며 예배에 집중할 수 있었고, 다음 한 주를 살아가는 힘을 얻을 수 있어서 더욱 감사한 마음이었다.

하지만 연이은 이사와 낯선 환경이 무리가 되었는지, 둘째를 유산하게 되었다. 나의 마음도 무너졌지만 더욱 큰 아픔을 느낄 아내를 챙기며 하나님의 위로를 간절히 바랐다. 동시에 '이직을 한 것이 잘한 일일까?' 고민하기 시작했다. 결과적으로 보면 경제적으로나 육체적으로 더 무리가 되었고 좋아진 것이 없었다.

그렇게 마음 한편에 부정적인 생각이 쌓여 갈 즈음 제천에서 섬기던 교회 담임목사님이 심방을 오셔서 "이곳에서는 교회 안에서 사역을 하기보다는 쉼을 누리고 자녀 양육에 집중하는 교회 생활을 하십시오. 지금 집사님의 가정은 그것이 필요한 시기입니다"라는 말씀을 전해 주셨다. 이직 후 무언가 쫓기는 듯한 삶을 살고 있던 나에게 깨달음을 주는 말씀이었다. 이직을 했던 이유가 주일 성수와 예배에 대한 갈망이었는데, '하나님과의 교제에 집중하지 않고 성과에 집착했구나' 하고 반성하게 되었다. 그래서 그때부터 하나님께 집중하며 하나님과의 교제와 온전한 예배를 삶의 목적으로 삼게 되었다. 그러던 중 하나님께서는 다시 둘째를 허락하시고, 그간의 아픔을 치료해 주셨다.

공직과 제자도

제천 사업을 종료하고 오창 사업을 배정받으면서 대전으로 다시 이사해 새로남교회에서 예배드리며 제자훈련을 받게 되었다. 2013년 제자훈련을 시작으로 2015년 순장으로 세움을 받기까지 하나님의 은혜를 새롭게 누리고, 담임목사님의 목회 철학을 배울 수 있는 귀한 시간이었다. 그중에 "여러분의 인생에서 예수 그리스도를 제외한다면 여러분의 인생이 해석되지 않는 삶을 사십시오"라는 말씀과 "그 어떠한 성경 번역보다 삶으로 성경을 재번역하는 일이 가장 위대한 일입니다"라는 말씀은 현재까지 공직의 업무를 맡고 있는 내 삶에 분명한 기준이 되었다.

하지만 막상 처음부터 말씀을 삶에 적용하는 일이 쉽지는 않았다. 업무 추진 과정 중에 발생하는 내외부적인 오해에 대처하는 법과 피해를 받았다고 생각하는 민원인들의 고충을 접수받고 해결 방안을 찾는 일은 삶의 예배를 드리고자 했던 나에게 적지 않은 시험 거리를 제공했다.

일례로 고속도로와 인접한 곳에 산업 단지를 개발하는 업무를 맡아 검토하던 중에 주거용지와 고속도로 간 거리가 짧아 소음 피해를 방지하고자 방음벽을 설치하게 되었다. 내 개인적인 생각에는 주거용지가 가까우니 미관이 우수하고 색감이 좋은 방음벽을 설치해 정주환경의 만족도를 높이고자 했으나, 보고 과정에서 회사 임원 중 몇 분이 도민의 세금으로 만드는 단지 개발에 그렇게 비싼 방음벽을 해서 토지분양 원가를 높이지 말라고 말씀하셨다. 결국, 당초에 설계되어 있던 흔히 볼 수 있는 회색의 일반 방음벽을 시공하게 되었다.

당시 진행하는 사업은 공장 용지를 저렴한 가격에 공급해 주어야 하는 산업단지개발이다 보니 택지개발과는 다르게 공원이나 녹지 같은 정주여건보다는 분양원가를 중심으로 검토해야 한다는 것을 배웠다. 우리 회사가 만드는 단지에 입주해서 거주하시는 분들도 도민이고, 공장을 운영하시는 분도 도민인데 어떤 것이 바른 선택인지, 예산을 어떻게 사용하는 것이 도민들에게 더 유익한지에 대해 더 깊이 생각하는 시간이 되었다.

하지만 시간이 지나 나중에 알고 보니 내가 특정 자재 업체에 대해 특혜를 주려고 하는 것 같아서 당시 임원이 결재를 하지 않았다고 한다. 한편으로는 억울하기도 했지만, 그 말을 듣고 나니 내 삶에 대한 반성이 절로 되었다. '아! 내가 참 크리스천다운 모습으로 살지 못했구나! 내가 예수의 제자로 산다면서도 나의 삶에는 그리스도가 투영되지 않았구나! 삶으로 성경을 재번역하지 못했구나!' 하는 생각이 들었다.

내가 정직하고 올바르면 다른 사람들이 나의 도덕성을 알아줄 것이라고 생각했는데, 회사 동료들이 보기에는 소통이 잘 안 되고 정보를 감추는 듯한 인상을 받았을 수도 있겠다는 생각이 들었다. 나는 시공이나 자재 구매를 단순히 더 저렴하거나 성능이 우수한 것 위주로 검토했지만, 해당 위치에 단지 개발을 하기 위해 타당성 조사부터 계획, 설계를 진행한 부서의 입장에서 보자면 기존에 검토했던 내용들을 무시하는 행동처럼 보일 수도 있었기 때문이다. 그런 생각을 하고 나니 나의 검토 방향과 행동에 대해 수정할 필요를 느꼈고, 직원들과 소통하기 위해 더 노력해야겠다는 각오를 하게 되었다.

이후로 나의 삶에 조금씩 변화가 생겼다. 출근 시간을 조금 더 앞당기고, 다른 직원들은 어떤 부분에서 무엇을 고민하는지 알아보았다. 사실 그동안 사업 진행과 성과에만 집중해 직원들과의 소통 시간이 적었다. 하지만 그때부터는 적은 비용의 자재를 설계하더라도 나만의 생각으로 검토하고 판단하는 것이 아니라, 다른 사업 담당자들과 만나 자재를 비교하고 검토하며 어떤 부분에서 원가를 절감해야 하고, 어떤 부분에선 가격이 다소 비싸더라도 품질을 우선해야 하는지를 함께 고민하기 시작했다.

일과 관계된 이야기뿐만 아니라 직원 개개인이 가지고 있는 개인적인 고민과 가정에서의 고민들도 상담해 주면서 관계를 쌓아 갔다. 그런 상담과 대화에 제자훈련 중 읽었던 도서들이 많은 도움이 되었고, 직원들은 내가 신앙인이라는 것을 자연스레 알게 되었다.

직원들과의 관계가 좋아지면서 나에 대한 오해도 많이 해소되었지만, 스스로 더욱 전문적이고 객관적인 검토 능력을 가져야 한다고 생각했다. 그래서 누가 보더라도 어떤 이유로 이런 결정을 하게 되었는지 납득할 수 있는 기안을 하기 위해 관련 지식을 더 쌓기로 했다. 전문 분야인 단지 개발이나 도로 건설 외에도 도시계획 분야에 대한 법령과 자료들도 분석하고, 보상과 분양에 관한 지식도 습득하고 쌓아 갔다. 경험이 누적되고 관련 정보가 많아지다 보니 공무원들에게나 민원인들에게 더욱 다양한 각도에서 설명할 수 있게 되었고, 또한 토지를 매입하기 원하는 기업체들도 나의 설명을 듣고 토지 구매 검토를 더 쉽게 할 수 있게 되었다.

구별과 공생

나의 첫 번째 신분은 하나님의 자녀다. 누구도 부인할 수 없으며, 나 스스로에게도 날마다 각인시키는 최우선 가치임이 분명하다. 그렇기에 나의 삶은 세상과 구별되어야 하고, 하나님의 뜻을 반영하는 삶을 살아야 한다고 생각한다. 그래서인지 나의 일에 최선을 다하면 그것만으로 하나님의 뜻을 이루고 전도할 수 있다고 생각했다. "하나님을 사랑하고 네 이웃을 네 몸과 같이 사랑하라"라는 말씀을 온전히 실행하지 못하고, 하나님 사랑으로만 끝나 버린 나의 모습이 부끄럽다. 그래서 두 번째 신분에서도 소명 의식을 가지고 살아가려 한다.

나의 두 번째 신분은 공직자다. 도민의 행복 증진과 지역의 경제 발전을 주도해 도민의 신뢰를 받아야 하는 지방공기업의 직원으로서, 나의 이웃인 직장 동료와 도민을 제대로 사랑하지 못했다는 반성과 함께 이제는 직업에 대한 나의 관점도 바뀌게 되었다. 더불어 동료들의 삶에 대해 함께 고민한다. 그리고 정책을 실현해야 하는 공무원들의 노고도 함께 헤아려 보게 되었다. 또한 나를 찾아오는 민원인들의 도움 요청에 더욱 적극적으로 다가간다. 세상 속에서 공적인 직업 소명을 가진 크리스천으로 살아가고자, 구별과 공생의 균형을 잡고자 날마다 기도한다.

9.

음침한 사망의 골짜기를 돌아 하나님께로

"오호라 나는 곤고한 사람이로다
이 사망의 몸에서 누가 나를 건져 내랴
우리 주 예수 그리스도로 말미암아
하나님께 감사하리로다
그런즉 내 자신이 마음으로는 하나님의 법을
육신으로는 죄의 법을 섬기노라"(롬 7:24-25).

심민호 대전광역시 중구 한국족보박물관

충남대학교 국어국문학과에서 구비문학과 민속학을 전공했다. 같은 학교 대학원에서 박사 과정을 수료하고, 풍수지리와 지역 전설을 주로 연구했다. 태영민속박물관, 대청댐 물문화관의 학예사를 거쳐 한국족보박물관에서 학예사로 일하고 있다. 하나님을 아는 지식과 가장 동떨어진 곳에서 성경적 가치관을 가지고 업무를 수행하는 엉뚱한 공직자다.

개똥도 약에 쓰시는 하나님

대한민국에서 박물관 학예사는 하나님을 아는 지식에서 가장 멀리 떨어진 사람이다. 기독교 문화를 배경으로 역사의 현장이 벌어진 미국이나 유럽의 박물관 학예사는 성경의 이야기를 그린 미술품이나 문화재를 연구하고 전시하겠으나, 유불선의 전통을 가진 우리나라에서는 하나님이 아닌 다른 신들의 이야기를 연구하고 전시하게 된다. 아마 독실한 크리스천 가정에서 태어나, 교회 울타리 안에서 올곧은 신앙을 키워 온 사람이라면 박물관에서 일하게 되는 과정을 선택할 가능성이 희박할 것이다. 나의 경우 주일 학교를 떠나, 다른 종교로 방황했던 청년기의 경험이 공립 박물관 학예사로 일하게 되는 길을 선택할 수 있게 했다.

대학에서 국어국문학을 전공하고, 대학원에서 고전문학으로 학위를 받았다. 고전문학 중에서도 구비문학과 민속학을 세부 전공으로 삼았다. 온달 장군과 평강공주 이야기의 구조와 현장을 탐구하거나, 지네 각시와 결혼한 남자에 대한 전설을 지역별로 비교하고, 지명이나 마을 전설을 풍수지리설의 원리로 분석하여 공동체의 믿음에 대해 논문을 썼다. 오랫동안 교회와 멀리 떨어진 곳에서 하나님이 아닌 다른 신을 찾는 삶을 살았다. 그렇게 하나님과 멀어진 채로 누가복음에 기록된 탕자처럼 살던 삶에 하나님은 개입하셨다.

온라인 커뮤니티에서 만난 아내와 번갯불에 콩 구워 먹듯 결혼을 하게 되었고 그 덕에 첫 주일을 아내가 섬기던 서울의 교회로 출석했다. 주일학교 이후 20년 만에 드리는 예배는 그간의 첫값을 치러야 할 것만 같이 두렵고 떨리는 자리였다. 예배가 시작되고 사도신경을 외우는 소리에 가슴이 철렁 내려앉으며 눈물이 났다. 그날 사도신경은 한 자, 한 자 가슴에 박히며 길고도 고통스럽게 느껴졌다. 우물거리며 다른 성도들을 따라 신앙 고백이 끝났다. 그리고 내가 돌아오기를 오랫동안 기다리고 계셨던 하나님을 만나게 되었다.

학위를 마치고 시간 강사를 하다 보면 어느 시점에는 대학에서 교수가 되어 있을 것이라 막연히 생각하고 살았다. 공무원이 될 것이라는 생각은 조금도 해 본 적이 없었고, 공무원이 어떤 일을 하는지 궁금하지도 않았다. 하나님은 인생 계획에 없던 공직으로 나를 인도하셨다. 조산했던 아이가 아프고, 자폐성 발달 장애 증세가 발견돼 치료비가 급했던 나는 지방 자치 단체에서 건립 중인 박물관 학예사 공채에 응시했고, 일사천리로 대전시 중구청 공무원이 되었다.

대전 중구에서는 족보박물관 건립을 추진하고 있었고, 유물을 수집하고 전시를 기획할 학예사로 채용되었다. 풍수지리 전설로 박사 학위 논문을 쓰겠다고, 대전의 유명한 역술인에게 풍수지리를 배우고, 사주 명리학을 공부하는 역술인과 무당, 지관들을 따라 유명한 역사 인물의 묏자리를 답사하고, 각 문중의 명당을 5년 가까이 찾아다녔으니 족보박물관 개관을 준비하기에는 적임자였다고 자평한다. 남의 집 무덤을 찾아다니고, 그 조상에 대해 알아보고, 후손이 발복했는지를 조사하는 일은 크리스천이었다면 하지 않았을 일이다. 하나님은 족보박물관이 성경적으로 운영되기를 바라셨고, 그 사명을 돌아온 탕자에게 부여하셨다. 하나님을 모르는 불경한 지식까지도 사용하신 것이다.

단군상이 왜 필요하지?

공직에 입문하고 처음으로 부여받은 업무의 공식 명칭은 '민속자료 족보박물관 건립사업'이었다. 의회에서는 대전족보박물관, 대전 중구 족보박물관으로 박물관 이름을 지으라고 요구했고, 행정직 시설직 공무원들은 '대전'이라는 지명을 붙이는 것에 거부감이 없었다. 그러나 나는 한번 박물관 명칭을 정하고 등록하게 되면 영원히 수정하지 못하기 때문에 대전이라는 지역명을 붙이는 것이 좋아 보이지 않았다.

족보는 지역과 관계없이 우리나라 모든 사람이 가진 성씨의 역사 기록인데, 대전족보박물관이라고 하면 대전을 기반으로 한 성씨의 족보만 수집하고 전시하는 기관처럼 인식하게 될 것이라는 우려가 생겼다. 그리고 전주족보박물관, 안동족보박물관, 서울족보박물관처럼 지역마다 족보박물관을 만들어 난립하게 될 것도 우려되었다. 대전이 우리나라 족보 출판의 중심이라면 다른 지역에 유사한 시설이 생기지 못하도록 이름을 정해야 할 필요가 있었다.

새롭게 지어질 박물관의 이름에 대해 주민의 생각을 조사하기로 했다. 전화로 선호도 조사를 하자니 비용이 발생하고, 박물관의 이름이 가지는 중요성을 주민에게 전달하지 못할까 염려되어, 직접 대면 조사를 실시하기로 했다. 12월 찬바람이 불어오는 공원 입구에서 관광객과 주민을 직접 만나 조사의 취지를 설명하며 박물관의 이름에 대한 선호도를 조사했고, 결국 '한국족보박물관'으로 결정되었다. 우리나라의 족보 문화와 역사를 오롯이 담아내고, 내가 일하는 박물관의 독보적인 위상을 세우기 위해 지방 자치 단체의 공무원들이 선호하는 지역 명칭을 과감하게 떼어 버렸다. 조직과 기관을 돋보이게 하고, 바로 세우는 일은 실무 공직자가 하지 않아도 별 탈 없는 귀찮은 일이지만, 하나님께서 허락하신 공직의 현장에서 실천해야 할 사명으로 생각하고 업무에 임하고 있다.

한국족보박물관이 있는 뿌리공원은 각 성씨의 유래가 담긴 조각품을 모아 놓은 곳이다. 그리고 각 성씨의 내력과 역사를 기록한 책을 모아 전시하는 곳이 한국족보박물관이다. 성씨의 내력을 모은 곳이다 보니, 일연 스님의 《삼국유사》이래 한민족의 기원이라 여겨지는 단군상 설치 요구가 끊이지 않는다.

관람객의 단발성 항의에서부터 전화 및 국민신문고를 통해 문서로 접수되는 민원에 이르기까지 다양한 방식으로 단군상 설치를 요구받게 된다. 심지어 대전시의 간부 공무원으로부터 단군상을 설치하라는 전화를 받기도 했으며, 지방 공사 사장이 방문했을 때 단군상이 설치되지 않았다고 질타를 받은 적도 있다. 단군상 설치 요구는 일반 시민에서부터 공직자에 이르기까지 신분과 계층을 초월하여 들어온다.

단군상 설치는 분명 비성경적이다. 민원인의 요구대로 단군상을 설치해야 한다면 창조주 하나님의 형상을 만들어 설치해야 할 것이다. 하나님의 형상을 만들 수 없으니, 아담의 동상이라도 만들어 세워야 할 판이다. 그러나 감정적인 대응은 잘못된 결과를 불러올 수 있기에 항상 침착하게 논리적으로 대응하려 노력한다.

먼저, 뿌리공원과 한국족보박물관의 조성 목적에 부합하지 않음을 설명한다. 한국의 문중 문화, 가문 정신을 전시하는 곳에 민족 신화에 해당하는 단군을 전시하는 것이 적절하지 않음을 알려 준다. 그러나 민원인은 단군이 실재하는 역사적 인물이라며 물러서지 않는다.

다음 단계로, 뿌리공원은 244개 문중의 자발적인 참여로 조성된 공원으로, 문중 간에 서로 위계를 형성하지 않음을 알려 준다. 특정 문중이 다른 문중을 포함하거나 상위에 있지 않은 평등한 구조인데, 단군의 후손으로 볼 수 없는 중국이나 베트남에서 귀화한 성씨들의 고유성을 훼손할 수 있다고 설명한다. 이쯤에서 화만 내고 돌아가시는 분들이 꽤 많다.

그러나 민원을 제기한 입장에서 쉽게 철회하자니 기분이 좋지 않은 분들은 그래도 혹시 모르니 다시 한 번의 정신으로 단군상 설치를 요구한다. 그러면 특정 인물을 소재로 성씨 조형물을 설치할 수 없다는 뿌리공원 성씨 조형물 디자인 심의 규칙에 대해 설명한다. 박물관 학예사가 민족정신이 없다느니, 식민 사학의 후예라느니 하는 비난과 악담을 꾹 참고 들으며, 웃는 얼굴로 단군을 시조로 기록한 족보가 발견되면 검토해 보겠다고 말하고 돌려보낸다.

이런 민원을 겪을 때마다 하나님은 족보박물관이 비성경적으로 운영되는 것을 막을 사람으로 나를 선택하셨다는 생각을 하게 된다. 대한민국의 공공 기관이 하나님의 뜻에 어긋나게 운영되지 않도록 크리스천 공직자를 배치하도록 하셨으며, 크리스천이 채용되기에 가장 부적합한 곳에 하나님의 일을 할 사람을 보내려고 탕자를 부르셨다.

하나님이 보내신 자리에서 균형 잡기

학예사는 문지방에 선 사람처럼 일하는 처지다. 기관과 주민, 학계 사이에서 균형을 잡아야 한다. 학예의 연구 성과를 주민이 쉽게 이해할 수 있도록 전시를 기획하고 교육 프로그램을 만든다. 공적 자산인 문화재를 관리하는 기관의 입장과 연구에 활용하고 싶은 대학의 교수, 관람하고 체험해 보고 싶은 주민 사이에서 무게 중심을 잃게 되면 학예사로서의 업무에 실수가 생긴다. 보존과 활용의 중간 어느 지점에서 균형을 잡고 소통의 통로가 되어야 하는 학예사의 처지는 하나님과 인간 사이에서 생명의 통로가 되신 예수님의 짐을 그대로 지어야 한다.

공직에 입문한 2009년은 전국 지방 자치 단체의 재정이 어려운 시기였다. 당시 대전 중구는 지방채 40억을 발행했고, 동구는 사무관급 이상 공무원의 급여를 체불한 상태였다. 지방 자치 단체의 재정이 파산 위기라는 뉴스가 연일 보도되던 시점에 족보박물관 건립을 위해 채용된 학예사로서 주변의 시선을 의식하지 않을 수 없었다. 지방채 40억을 발행한 자치 단체에서 36억을 들여 박물관을 짓는다고 하니, 지방 재정 파탄의 원인이 꼭 나에게 있다는 생각이 들어 가시방석에 앉아 일하는 기분이 들었다.

불평하고 눈치 볼 시간에, 하나님이 보내신 자리에서 감당할 수 있는 일을 하기로 했다. 예산이 적으면 적은 대로 돈에 맞춰 일하고, 조직이 적고 인력 보충이 안 되면 내가 조금 더 움직여 일했다. 그렇게 박물관을 개관하고 13년간 운영했다.

개별 성씨마다 문중을 자랑하려는 욕구가 넘쳐 나고, 타인의 성씨보다 본인의 성씨가 대접을 잘 받아야 한다는 욕망이 서로 충돌하는 곳이 족보박물관 건립의 현장이었다. 문중 어른들은 우리 집 족보가 어느 자리에 전시되느냐를 두고 학예사를 괴롭혔다. 잘 보이는 자리, 높아 보이는 자리에 자기 성씨의 족보가 전시되기를 바라고 있었다. 성씨마다 신라의 왕손이라느니, 고려의 문벌 귀족이라느니, 조선의 정승 집안이라느니, 독립운동가를 배출한 집안이니 하며 저마다의 자랑거리를 내세우며 다른 성씨에 비해 우수함을 내세우고자 했다.

전시 내용이 어느 특정 성씨를 내세우거나 편애하면 문중 간에 큰 싸움이 벌어질 분위기였다. 그래서 개별 성씨를 소개하는 기획 대신, 유형의 문화재로서 족보의 역사를 전시하기로 했다. 전시에 활용한 족보를 선별하는 과정에서 개인의 취향이 반영되었다는 논란을 피하기 위해 내 성씨의 족보는 배제했다. 박물관이 개관하고, 청송 심씨 족보가 전시되지 않은 모습에 대전 종친회 부회장을 하시던 어른은 종친이 족보박물관 학예사로 있으면 좋은 자리에 전시될 줄 알았다며 아쉬운 말을 남기고 돌아가셨다. 공정한 업무 수행에 오해를 사지 않으려면 가족을 먼저 희생해야 했다. 독생자 예수를 십자가에 매다셨던 하나님의 마음이 내가 느낀 감정과 비슷했을 것이다.

삶의 미로에서 방황하는 나를 잡고 계신 하나님

주일학교를 잠시 다녀 본 꼬마가, 교회를 떠나 다른 신들을 찾아 청소년기와 청년기를 보냈다. 교회 다니는 여자와는 연애도 안 했던 내가, 결혼하기로 한 여자가 크리스천이었다는 것을 뒤늦게 알았고, 나의 계획과는 관계없이 교회의 품으로 돌아오게 되었다. 그리고 교회를 떠나 있던 그 시간 동안 하나님은 내 손을 놓지 않고 기다리셨다. 조상신부터 온갖 속신을 쫓아다니는 동안 하나님은 내가 돌아오기만을 기다리고 계셨다. 그리고 하나님의 손에 이끌려 교회로 돌아왔을 때 하나님은 성실한 크리스천이 갈 수 없는 곳으로 나를 보내셨다.

영적으로 방황했던 시간은 하나님이 나를 그렇게 들어 사용하려 하셨던 것일지 의문이었다. 조상 제사에 열심을 보이고, 풍수 발복을 받으려고 묫자리를 보러 다니고, 굿판에서 흥얼거리고, 불상 앞에서 절하는 시간을 내게 주신 이유가 궁금했다. 나를 사용하시려 연단을 시키셨다면 다른 사람이 아니라 왜 나였을지 의문을 품지 않을 수 없었다. 교회의 제자훈련을 받는 기간에 묻고 또 물었다.

제자훈련을 받고 집으로 돌아온 어느 날, 하나님은 깨달음을 주셨다. 하나님은 나를 다른 신의 품으로 보내신 적이 없었다. 그저 온갖 방탕하고 추잡한 짓을 다 하고 돌아온 나를 있는 모습 그대로 받아 주시고 사용해 주신 것이다. 조상신을 모시는 사람들의 욕망이 넘치는 족보박물관으로 나를 보내기 위해 나를 탕자로 만드신 것이 아니라, 탕자의 모습 그대로 받아 주시고 하나님의 일을 할 수 있도록 기회를 주셨다.

조상 제사를 통해 사람을 신의 자리로 옮기면서 유교는 종교로서 작동한다. 조상을 신격화하여 숭배하는 사람들에게는 조상의 이름이 담긴 족보를 '가지고 있다'고 말하면 불경한 일이 된다. 그들은 족보를 '모신다'고 말한다. 족보는 기록물이고 물건으로서의 책이다. 물건을 신격화하여 모시는 행위를 그들은 예절이라고 생각한다.

혹자는 제사상 앞에서 절하는 행위가 종교적이지 않다고 하지만, 그 안에는 풍수지리의 발복처럼 조상의 음덕을 바라는 기원 행위가 담겨 있기에 사실상 종교적이라 말할 수밖에 없다. 기독교 신앙을 잘 가꾸어 온 성도가 이런 문화를 잘 알기란 어렵다. 하나님은 이방신을 모시는 문화에 익숙한 나의 모습을 있는 그대로 받아 주셨다.

학예사, 하나님과 만나다

공무원 조직에서 학예사는 시군구청에서 문화재 행정 업무를 담당하기도 하고, 나처럼 박물관에서 전시와 교육, 유물의 수집과 연구를 담당하기도 한다. 국립박물관처럼 규모가 큰 조직에서는 전공에 따라 업무가 분화되기도 하지만, 지방 자치 단체의 작은 박물관에서는 한두 명의 학예사가 박물관에서 일어나는 모든 일을 감당하기도 한다.

나는 구청에서 운영하는 작은 공립 박물관의 학예사다. 소위 1인 학예사 박물관이라 불리는 아주 작은 곳이다. 조직이 큰 곳에서는 내가 가진 가치와 생각을 실현하기 어려운 경우가 있다. 한국족보박물관은 1인 학예사 체제로 운영되는 곳이다 보니, 학예사의 마음가짐에 따라 운영이 쉽게 변할 수 있는 곳이다. 따라서 성경적 가치관을 가진 학예사가 공직자로 일해야만 공공 기관에서 조상신이나 단군신을 숭배하는 일을 방지할 수 있다. 또 족보박물관의 성격 자체가 유교적 조상 숭배와 조상의 음덕을 바라는 무속적 신앙과도 긴밀하기에, 업무 수행에 있어 반성경적 결정을 내리지 않도록 언제나 주의해야 한다. 그리고 그 결정 과정에 있어서 논리적인 설명과 현명한 처세가 필요하다.

박물관은 다른 사람들이 쉬는 주말과 주일에도 개방하는 시설이다. 박물관 직원은 주말과 주일에 근무해야 하는 경우가 많다. 주일 성수와 업무의 충돌이 발생한다. 직장에서 크리스천임을 언제나 밝힌다. 그리고 휴일 근무 편성을 할 때 주일을 배려해 줄 것을 요구한다. 주일 근무를 피하려면 주말이나 명절 근무를 자처해야 한다. 족보박물관에 근무하는 13년간 명절에 처가로 인사하러 간 적은 딱 한 번이다. 다른 직원들이 명절에 제사를 지내고 성묘하러 가는 편의를 베풀기 위해 설날과 추석 당일에 근무를 자처한다. 가족과 보내는 명절이 소중하지 않은 것은 아니나, 주일 성수를 지키며 하나님을 만나는 일이 더 소중하다. 가끔은 내가 주일 성수를 지키기 위해 다른 직원들이 믿지 않는 사람들로만 구성되어야 하는 것은 아닌지, 엉뚱한 생각을 하기도 한다.

돌아온 탕자는 하나님과 만나는 일이 얼마나 소중하고 기쁜 일인지 아는 사람이다. 하나님 곁을 떠나 방황했던 시간만큼 하나님과 더 친밀한 시간을 보내고 싶기에 주일이 아닌 다른 휴일 근무를 자처한다. 그것이 하나님이 허락하신 공직자의 자리에서 최선을 다하는 삶을 사는 나만의 방법이다.

10

고난을 통해 인도하시다

"여호와를 경외하는 자들아
너희는 여호와를 의지하여라
그는 너희의 도움이시요
너희의 방패시로다"(시 115:11).

양동인   식품의약품안전처

전남대학교 환경공학과를 졸업하고, 9급 공채 45회로 공직에 임용되어 2004년
부터 2006년 10월까지 노동부에서 근무한 이후 식품의약품안전처에서 현재
까지 근무하고 있다. 2022년 상반기 모범 공무원으로 국무총리 표창을 받았다.

공직 입문

장래에 어떤 직업을 가져야 할지 명확하게 정하지 않은 상태에서 그저 취업이 잘되는 학과를 선택하여 대학에 진학하였고, 어느덧 졸업을 앞둔 4학년이 되는 1997년이 되었다. 그해 말 우리나라에는 IMF 외환위기가 닥쳐왔고, 이로 인한 대량의 실업 사태가 발생했다. 대학을 졸업한 이후 공군 학사장교로 복무하던 중 공무원에 대한 꿈을 가지게 되었고, 군 복무 중이었지만 퇴근 이후 및 주말 자투리 시간을 최대한 활용하여 공부한 끝에 전역하기 직전 해인 2003년 국가직 9급 공무원 공채시험에 합격하였고, 이듬해인 2004년 2월 공직에 입문하여 지금까지 길을 걷고 있다. 공직자로서의 첫 근무 기관은 노동부였으나, 2006년 식품의약품안전청으로 옮겨 현재까지 16여 년간 계속하여 근무하고 있다. 식품의약품안전청은 2013년에 국민의 먹거리 안전을 강화하기 위해 국무총리 직속의 식품의약품안전처(이하 식약처)로 승격되었고, 국민의 일상의 삶과 직결된 식품, 의약품, 화장품, 의료기기 등의 안전 관리를 위해 힘쓰고 있다. 최근 코로나19 감염병 위기 상황에서는 마스크 공적 공급, 백신 및 치료제, 진단키트 등 필수 의료제품의 신속한 허가·심사 및 도입 등 적극적인 대응으로 코로나19 위기 극복을 위해 최선을 다하고 있다. 식약처에는 일반행정직, 식품위생직, 약무직, 연구직 등 여러 직렬의 공무원들이 있는데, 나는 행정 직렬에 속해서 사업 부서와 기획조정 부서에서의 경험을 두루 거치며 공직의 길을 걸어오고 있다.

고난 속에서 인도하신 하나님

나는 믿음의 가정에서 신앙의 유산을 물려받고 태어나 어려서부터 자연스럽게 주일이면 교회 주일학교에 나가 성경 말씀을 자주 접했다. 하지만 하나님을 인격적으로 뜨겁게 만나지는 못했다. 대학에 진학해서는 세속적 가치와 문화에 동화되어 믿지 않는 세상 사람들과 별반 다를 것 없이 하나님과의 교제도 거의 없이 살았고, 공직에 입문하는 그때까지도 주일 낮에만 교회에 나가 예배드리는 '선데이 크리스천'으로 겨우 연명하며 살았다. 하지만 하나님은 이러한 나를 그냥 내버려 두지 않으시고 고난을 통해서라도 내가 하나님께 가까이 나아가도록 인도하셨다.

공직에 입문한 첫해인 2004년 말 겨울, 갑작스럽게 극심한 복통이 찾아왔다. 가까운 병원에 가서 진료를 받았지만, 명확한 원인이 무엇인지 진단받지 못한 채 처방 약만 계속 복용했다. 하지만 통증은 더욱 심해졌고 설사와 구토 등이 반복되었다. 이후 서울에 있는 전문 병원에서 대장내시경, CT 등 정밀 검사를 받은 결과, 크론병(희귀 난치성 만성 염증성 장 질환)이라는 진단을 받게 되었다. 당시 담당 의사는 대장의 염증으로 인한 고통이 계속되니 대장 절제술을 권하면서, 당장 수술 날짜를 정하자고 했다. 그 말을 듣는 순간, 하늘이 무너지는 것 같은 깊은 절망감 속에 하염없이 눈물이 쏟아졌다.

크론병을 앓기 시작하면서 음식을 제대로 먹지 못하게 되었고, 이로 인해 80kg 중반까지 나갔던 체중이 얼마 되지 않아 60kg까지 감소되었다. 처음에는 내게 왜 이런 고통이 찾아왔는지, 원망과 불평도 있었다. 하지만 돌이켜 보니 그 고통의 시간이 나에게는 신앙의 터닝 포인트가 된 시점이었다.

크론병에 대한 적절한 치료법이 없어 단지 증상만 완화시키는 약을 먹고 살아야 한다는 말을 듣고 사방이 벽으로 꽉 막혀 있음을 느꼈다. 그제야 나 자신의 무력함을 절실히 깨닫고 낮아지기 시작했고, 내가 의지할 분은 오직 하나님뿐이시라는 것을 깨달으며 하나님께 나아가기 시작했다. 이후 두세 달에 한 번 서울에 있는 병원에서 진료 및 처방 약을 받아 오는 생활을 계속하던 중 대전으로 근무지를 이동하면서 새로남교회에 출석하였고, 다락방 모임, 평신도 성장 프로그램에도 참여하면서 조금씩 하나님과 가까워지기 시작했다.

그러던 차에 크론병으로 인한 통증이 서서히 사라지는 것을 느끼며 언젠가부터 약을 완전히 끊어 버렸고 지금은 오히려 살이 너무 쪄서 빼야 한다는 사치스러운 고민을 하고 있다. 이렇듯 하나님은 고난을 통해서 내가 온전히 하나님께 돌아올 수 있도록 인도하셨다.

공직 생활에서 만난 하나님

공직 생활은 크리스천이 아닌 사람들과 더 많이 일하는 환경이기에, 때로는 세상과 적절히 타협하며 살아가라는 유혹을 받기도 한다. 하지만 하나님은 내가 공직에 입문한 지 얼마 되지 않아 고난 속에서 연단시키심으로 세상 속에서도 하나님께 속한 자로서의 정체성을 지키며 공직 생활에 임하도록 이끄셨다. 특별히 2017년에는 새로남교회에서 평신도 지도자를 양성하는 제자훈련(1년 과정)을 받았는데, 이를 통해 말씀과 기도의 체질화, 하나님과 교제하는 경건의 습관을 들였고, 세상과 구별되는 그리스도의 제자라는 정체성을 확고히 할 수 있었다.

지난 공직 생활을 돌이켜 보면서 크리스천 공직자로서 맡겨진 일에 어떤 마음과 자세로 임해야 할 것인지 정리해 보았다.

첫째, 내게 맡겨진 일이 아무리 작을지라도 충성을 다하라.

"잘하였도다 착하고 충성된 종아 네가 적은 일에 충성하였으매
내가 많은 것을 네게 맡기리니"(마 25:21).

7급으로 승진한 이후 비상안전담당관실에서 근무하게 되
었는데, 공군 장교로 복무한 경험을 바탕으로 지원하긴 했지
만 공무원 사회에서는 다소 한직으로 여겨지는 부서였다. 나
는 부서의 대표적인 업무인 을지연습 등을 맡게 되었는데, 처
음 업무를 맡게 되었을 때는 을지연습일이 불과 2달여밖에
남지 않은 시점이었다. 더군다나 그해에는 식약처로 승격한
이후 처음 실시되는 을지연습이기에 예전보다 준비해야 할
것들이 많았다.

최선을 다해 열심을 내서 준비했지만, 을지연습일이 다가
올수록 잠을 잘 이루지 못할 정도로 걱정이 많았다. 다행히
하나님의 은혜 가운데 무사히 잘 마쳤고, 이후 식약처는 을
지연습 우수 기관 국무총리 표창을 받았으며, 나는 그 공로를
인정받아 '이달의 우수 공무원'으로 식약처장 표창을 받게 되
었다. 당시 과장님은 최선을 다해 열심히 일하는 나의 모습을
좋게 보셨는지, 아무 부탁도 드리지 않았는데도 국장님께 나
를 추천하여 다른 부서로 옮기도록 배려해 주셨다. 나는 그곳
에서 성과평가, 국정과제 등의 업무를 수행하며 비교적 빨리

6급으로 승진하게 되었다.

공직 생활에서 맡겨진 업무가 비록 보잘것없고 작아 보이더라도 그리고 당장은 다른 사람이 알아주지 않더라도 나에게 이 일을 맡기신 분은 하나님이심을 믿고 주어진 일에 충성을 다해야 한다. 그러면 훗날 더 중요하고 큰 일이 맡겨지게 될 것이다. 하나님의 마음에 맞는 자로 불리는 다윗은 양을 치는 평범한 목동에 불과했지만, 자신에게 맡겨진 양들을 사자, 곰 등 맹수들로부터 최선을 다해 지켜 내며 하나님의 목자 되심을 깨닫고 이스라엘의 왕으로 쓰임 받았다. 이렇듯 작은 일이라도 충성을 다하면 언젠가는 누구라도 "저 사람이라면 믿고 맡길 수 있어"라는 말을 들을 정도로 인정받게 될 것이고, 언젠가는 더욱 중요하고 큰 업무를 수행하며 하나님께 더 큰 영광을 올려 드리게 될 것이다.

둘째, 맡겨진 일을 능숙하게 처리할 수 있도록 하나님께 지혜를 구하라.

"대저 여호와는 지혜를 주시며 지식과 명철을 그 입에서 내심이며 그는 정직한 자를 위하여 완전한 지혜를 예비하시며 행실이 온전한 자에게 방패가 되시나니"(잠 2:6-7).

공직 생활에서 주어진 업무를 수행하면서 창의적인 아이

디어가 필요할 때가 있다. 이때 모든 지식과 지혜의 근원이 되신 하나님께 기도하면 기도하는 과정 중에 하나님이 놀라운 지혜를 주실 것이다. 또한 작성된 보고서를 상사에게 보고하기 전에 두렵고 떨리기 마련이다. 혹시나 내가 준비하지 못한 부분을 물어보면 어쩌나 걱정하기도 한다. 이럴 때는 상사의 입장에서 생각하며 준비하고, 보고하러 들어가기 전 또는 보고를 위해 기다리는 동안 느헤미야가 했던 '화살' 기도(느 2:4-5)처럼 잠시 '쉼' 기도를 통해 입술의 담대함과 지혜를 구하자. 평안해진 마음으로 상사의 질문에 지혜롭게 답할 수 있도록 하나님이 마음을 지켜 주실 것이다. 실제로 나는 상사에게 보고를 하러 가기 전에 크게 숨을 들이쉬며 "주여! 떨지 않고 담대하게 보고하고 답변하게 해 주세요"라고 기도한다. 그러면 마음의 평안이 찾아왔고, 하나님이 순간순간 지혜를 주시는 것을 수차례 경험했다.

셋째, 상관에게 성실한 자세로 복종하라.

"종들아 두려워하고 떨며 성실한 마음으로 육체의 상전에게 순종하기를 그리스도께 하듯 하라…기쁜 마음으로 섬기기를 주께 하듯 하고 사람들에게 하듯 하지 말라"(엡 6:5, 7).

상명하복 체계가 비교적 강한 공무원 조직 내에서는 소속

상관의 직무상 명령에 복종해야 할 의무가 있다. 주무관인 경우에는 직속 사무관, 과장 또는 국장에게 결재를 올리고 직접 보고해야 하는 일이 많은데, 이 과정에서 어려움을 겪는 동료 직원들을 보게 된다. 인사 명령권자의 결재에 따라 직속상관이 결정되나, 크리스천 공직자는 하나님이 그를 나의 상관으로 보내셨고, 상관의 권위 또한 하나님이 부여하셨음을 기억해야 한다. 공정한 직무 수행을 저해하는 위법 부당한 지시를 제외하고는, 설령 나와 잘 맞지 않거나 내가 납득할 수 없는 지시라고 해서 상관에게 복종하지 않는 것은 하나님의 권위를 부인하는 것임을 잊지 말아야 한다. 성경에서는 모든 권위를 하나님이 정하신 것이기 때문에 권위를 존중하고 복종해야 한다고 가르친다.

요즘 사회에서 '갑질'이라는 용어가 등장하면서, 상사라고 하더라도 말과 행동을 조심스럽게 해야 한다. 하지만 크리스천 공직자는 세상의 논리가 아니라, 하나님의 말씀에 근거한 삶을 살아 내야 할 것이다. 때로는 성질 고약한 상사가 나의 발전에 도움을 주는 방향으로 작용할 수 있다. 하나님이 내가 일하는 부서와 업무뿐 아니라 상관 또한 미리 예정된 바가 있어 붙여 주셨음을 전적으로 신뢰하고, 성실하게 업무에 임해야 한다. 그러면 하나님이 그에 상응하는 보상을 하실 것이다.

넷째, 내가 하는 일을 통해 하나님의 영광이 드러나게 하라.

"이같이 너희 빛이 사람 앞에 비치게 하여 그들로 너희 착한 행실을 보고 하늘에 계신 너희 아버지께 영광을 돌리게 하라"(마 5:16).

국가공무원법상 공무원의 의무 중 청렴의 의무가 있는데, 크리스천 공직자라면 법령으로 정하지 않더라도 하나님 앞에 부끄러움이 없을 정도로 청렴하게 일을 처리하고 하나님의 말씀과 뜻을 따라야 한다. 마치 외무공무원이 다른 나라의 대사로 파견될 때 본국인 대한민국 정부의 훈령을 충실히 따라야 하듯이, 하나님이 나를 공무원으로 파송하신 곳에서 그분의 말씀과 뜻대로 일해야 한다. 요셉이 보디발의 가정 총무로 있을 때 "내가 어찌 이 큰 악을 행하여 하나님께 죄를 지으리이까"(창 39:9)라고 말한 것처럼, 내가 어디에서 무엇을 하든지 하나님이 모든 상황을 다 지켜보고 계신다는 사실을 알아야 할 것이다. 사람을 속일 수는 있겠지만, 하나님은 절대 속일 수 없다.

크리스천 공직자는 모든 상황에 영적으로 민감해 자신이 하는 결정과 행동이 하나님의 법에 맞는지 늘 생각해 보고, 사람을 두려워하지 말고, 오직 하나님 편에 서서 결단해야 한다. 또한 자신을 통해 하나님의 영광을 드러낼 수 있도록 해야 한다. 그래서 사람들이 '이 직원이 오고 나서 부서가 달라졌다'고 느끼게 하고, '꼭 필요한 사람으로서 계속해서 같이 근무하고 싶은 사람'으로 기억될 수 있도록 하자.

2022년은 공직에 입문한 지 18년이 되는 해다. 지난 시간 동안 하나님의 은혜 가운데 큰 과오 없이 공직 생활을 해 올 수 있었다. 그리고 전혀 생각하지 못했지만, 상반기 모범 공무원에 선발되어 국무총리 표창을 받았다. 이 상을 받게 된 것은 그간 공직 생활을 인도해 주신 하나님의 전적인 도움의 손길임을 고백한다. 모르드개는 하만의 계교로 유다가 위급해진 상황에서 왕후 에스더를 향해 "이때를 위함이 아닌지 누가 알겠느냐"(에 4:14 하)라고 말했다. 이처럼 하나님께서 나를 공무원으로 파송하신 곳에서 선한 영향력을 미치며 하나님의 일에 귀하게 쓰임받을 수 있도록, 필요한 역량을 계발하고 전문 지식을 쌓아 가는 노력을 계속해 나가겠다.

11

한쪽 문이 닫힐 때
다른 문을 열어 주시다

"지혜 있는 자는 궁창의 빛과 같이 빛날 것이요
많은 사람을 옳은 데로 돌아오게 한 자는
별과 같이 영원토록 빛나리라"(단 12:3).

양병태 중소벤처기업부 산하 신용보증재단중앙회

중앙대학교 경영학부를 졸업했다. 40일간 작정 기도의 응답으로 중소벤처기업부 산하의 공공 기관인 신용보증재단중앙회에 입사해 19년째 근무 중이다. 2019년에 경험한 1년간의 육아 휴직이 인생의 터닝 포인트가 되었다. 휴직 중에 작가의 꿈을 이루며 인생 2막을 열었기 때문이다. '해야만 하는 일'과 '하고 싶은 일' 사이의 균형을 잡고 '퇴근 후 작가'로 살아가며 하나님이 허락하신 나그네 인생을 항해 중이다.

회원 기관 파견근무로 재기하다

나는 중소벤처기업부 산하의 공공 기관인 신용보증 재단중앙회에 근무한다. 회원 기관인 17개의 신용보증재단 이 전국 지자체별로 존재한다. 신용보증재단의 주요 고객은 규모가 영세한 자영업자, 다시 말해 소상공인이다. 소상공인 은 신용보증재단에서 신용보증 상담을 받고, 신용보증재단은 상담을 마친 소상공인에 대해 서류 심사와 현장 실사를 실시 한다. 신용보증재단은 심사 과정에서 은행 원리금 연체, 세금 체납 등 저촉 사항이 없으면 소상공인에게 신용보증서를 발 급한다.

신용보증재단이 소상공인에게 발급한 신용보증서는 소상 공인이 은행에서 대출을 받은 후 경영 악화 등의 이유로 빌 린 돈을 갚지 못할 경우, 신용보증재단이 일정 비율만큼(보통 85%) 소상공인을 대신해 상환하겠다는 것을 보증하는 서류다.

신용보증재단이 자영업자 등 국민을 대상으로 업무를 수 행하는 반면, 내가 근무하는 신용보증재단중앙회는 전국에 퍼져 있는 신용보증재단을 지원하는 업무를 수행한다. 나는 2004년에 입사한 후 몇 년이 지나자 회원 기관에서 자영업자 를 대면하며 실무를 해 보고 싶다는 열망이 생겼다.

스물여덟 살에 신용보증재단중앙회에 입사했다. 직장이 정부 산하의 공공 기관인 탓인지 관료주의적이고 상명하복의 조직 문화가 강했다. 20대 후반의 나는 혈기 왕성하고 대나무처럼 뻣뻣했다. 첫 출근 날 저녁에 나의 입사를 축하하는 부서 회식 자리가 마련됐다. 선배들이 내 잔에 술을 따르고 부서장이 내게 술을 권했다. 그때 내가 "크리스천이라 술을 안 마십니다" 하고 말하자 회식 자리에 북극 바람보다 차가운 기운이 감돌았다. 나는 출근 첫날부터 술을 마시지 않는다는 이유로 선배와 상사의 눈 밖에 났다.

그날 이후 회식 때마다 "너 그렇게 직장 생활 하면 꼬인다"라는 놀림과 은근한 협박을 받았다. 무엇보다 나를 힘들게 한 사람은 교회에 다니는 선배였다. 그는 "야, 교회 다닌다고 술 안 마신다고 하지 마. 그럼 내가 뭐가 되냐"고 했다. 나는 같은 하나님을 믿는 그 선배에게 아무 말도 하지 않았다. 기가 막히고 마음속에 열불이 솟아올랐지만, 조직 생리상 참을 수밖에 없었다.

나와 비슷한 시기에 입사한 직원은 술자리에서 빛이 났다. 선배들의 2차, 3차 회식 자리를 따라가고, 심지어 다른 부서 회식 자리에도 참석해 늦은 시간까지 술을 마시며 어울렸다. 직장 선배와 상사가 "너는 대체 왜 술을 안 먹냐?" 하고 셀 수 없이 내게 물었다. 나 역시 스스로에게 물었다. "병태야, 너는 왜 술을 안 마시니?" 바로 떠오르는 이유는 화목한 가정을 꾸리고 건강한 삶을 살기 위해서다. 근본적인 이유는 크리스천으로서 세상 사람들과의 구별됨(거룩함)을 지키기 위함이다. 술 안 마시는 것이 뭐가 그리 대단하냐고 말하는 사람이 있겠지만, 매일 넘어지며 죄짓고 사는 나에게 금주는 하나님의 자녀로서 지켜야 할 최후의 보루다.

입사하고 8년이 흘렀다. 직장 사무실에서 내 옆자리를 지나가던 K부장이 "병태, 교회 다니지?" 하고 물었다. 나는 부장 얼굴을 보고 쑥스럽게 웃고 나서 눈길을 컴퓨터 모니터로 돌렸다. 그때 옆 부서에서 근무하는 '술 처세'가 좋은 직원이 "저도 교회 다녀요" 하고 말하자 K부장이 응수했다. "너는 아니야. 병태가 진짜야!" K부장의 말은 내게 충격이었다. 술 문제로 누구보다 나를 핍박하는 사람이었기 때문이다. K부장의 말이 귓가에 종일 맴돌았다. 그날 밤 퇴근길에 나의 시선은 하늘의 별을 향했고, 나는 작은 목소리로 읊조렸다. "하나님, 위로해 주셔서 감사합니다."

갈대처럼 유연하지 못한 태도와 술 문제 등으로 나는 직장의 '인싸'가 되지 못했다. 평소 상사와 술 소통이 원활한 그 직원은 크고 작은 업무 실수에도 그냥 넘어갔지만, 나는 작은 실수라 할지라도 매번 지적받고 면박을 당했다. 결국 승진 인사에서 여러 차례 미끄러졌다. 후배에게 승진 인사에서 밀린 채 사무실에 앉아 있는 것이 힘들었다. 사람들이 없는 곳에

숨고 싶었다. 입사 9년 차에 '사표'라는 단어가 머릿속에 스치기 시작했다.

그러다 뜻밖의 기회가 찾아왔다. 회원 기관의 파견 근무자로 내가 선정된 것이다. 직장 생활에 움츠려 있던 내게 '새로운 문'이 열렸다. 2012년 7월부터 9월까지 강원신용보증재단 춘천지점에서 근무했다. 영업시간에 상담 창구에서 자영업 사장님들의 애로 사항을 들으며 상담하고, 저녁에는 그들이 제출한 서류를 심사했다. 오랜 기간 공공 기관에 근무했지만 자영업을 하는 사장님들에게 직접적인 도움을 주는 업무를 수행하는 것은 처음이었다. 매일 야근했지만 오래전부터 해 보고 싶은 실무를 하니 신바람이 났다.

신용보증재단에 찾아오는 고객은 주로 요식업, 숙박업, 도소매업을 영위하는 사장님들이었다. 신용보증 상담 코너로 걸어오는 고객의 얼굴은 비장해 보였다. 나는 고객에게 최대한 시선을 맞추고, 그들의 사업 애로를 끝까지 들으려고 노력했다. 한 고객의 이야기가 떠오른다.

"퇴직금을 털어 편의점을 개업했어요. 직원도 고용했습니다. 남은 인생을 걸고 편의점을 시작했지만 생각보다 장사가 잘되지 않습니다. 매출은 저조하고 임차료와 인건비는 계속 나가야 해서 자금 사정이 안 좋습니다. 경영개선자금이 꼭 필요합니다." "제출하신 서류를 신속히 검토하고 연락드리겠습니다"라고 말하는 내게 흰 머리카락이 수북한 사장님은 고개를 깊이 숙이며 돌아섰다. 며칠 후 심사를 통과해 신용보증 지원을 받게 된 편의점 사장님의 얼굴에서는 그늘이 사라지고 안도감이 피어올랐다.

많은 사람이 직장을 나와 자영업을 시작한다. 한 달이 지나면 월급을 받던 생활에서 스스로 소득을 창출하고 직원에게 월급을 줘야 하는 입장으로 바뀌는 것이다. 직원에서 사장님으로 옷을 갈아입은 그들은 경영 애로를 겪을 때 누군가의 도움이 절실하다. 회원 기관에서 신용보증 서비스를 지원하는 직원으로 근무하는 몇 달간 절망에 빠진 자영업자들이 재기하도록 조금이나마 힘을 보탤 수 있어 뿌듯했다.

어느새 파견근무 기간인 3개월이 지났다. 나는 다시 원래의 자리로 돌아왔다. 실무 경험을 쌓은 자신감이 마음속에 충만했다. 파견 근무를 다녀온 다음 해 승진자 명단에서 내 이름을 발견했다.

육아 휴직으로 나를 찾다

공공 기관 직원으로 근무한 지 16년이 흘렀다. 반복되는 일상에 회의감이 몰려왔다. 매너리즘에 빠져 일과 관계에서 활력을 잃었다. 출퇴근길의 몸과 마음이 쇳덩이처럼 무겁게 느껴졌다. '계속 이렇게 살아가야 하나?' 고민이 깊어졌다. 홀벌이 4인 가족의 가장인 나에게 위기가 찾아왔다. 돌파구가 보이지 않았다.

그 무렵 어느 날 아침에 아내가 내게 한마디를 던졌다. "여보, 올해 태희가 초등학교에 입학하잖아요. 당신 육아 휴직해 보는 것 어때요? 나도 일하고 싶어요. 우리 1년만 바꿔서 생활해 봐요." 아내의 말을 듣고 사흘을 고민했다. 그리고 휴직하기로 결심했다. 마흔이 넘은 인생 후반전에 잠시 쉬어 갈 '하프 타임'이 생겼다. 1년간의 육아 휴직이라는 '다른 문'이 내게 열린 것이다.

아내가 출근하고 자녀가 등교하고 나면 덩그러니 홀로 집에 남았다. '직장에 출근하지 않고 집에 있어도 되나?' 하는 생각이 나를 불안하게 했다. 뭐라도 해야 했다. 몸을 움직이기 시작했다. 청소기를 밀고, 싱크대에 쌓인 그릇을 씻고, 세탁기를 돌렸다. 초등학생인 아들딸의 책상을 정리하고 이부자리를 정돈했다. 자녀가 학교에서 돌아왔을 때 깔끔한 집을 선물하고 싶었다.

시곗바늘이 아이들의 하교 시간을 가리키면 심장이 두근거린다. "학교 다녀왔습니다" 하고 초등학교 1학년인 태희가 현관문을 열고 들어온다. "아빠, 배고파요" 하고 말하는 딸아이에게 딸기잼을 바른 식빵, 우유를 먼저 내준다. 그사이에

사과를 깎는다. 곧이어 아들이 학교에서 돌아온다. 한창 커가는 아들이 딸 옆에서 간식으로 배를 채운다.

다음에는 자녀 학습이 이어진다. 영어, 수학 등 아이들의 공부를 돕는다. 아들 수학을 지도하다가 머리에 쥐가 난다. 몇 년 동안 아들 수학을 도운 아내가 왜 그렇게 밤마다 목소리를 높였는지 이해가 됐다. 공부를 마친 아들이 태권도장에 간 사이 딸아이와 도서관에서 시간을 보낸다. 아들 탁구 레슨이 있는 날에는 아들과 함께 자전거를 타고 탁구장으로 이동한다. 탁구 레슨이 끝난 아들에게 30분 동안 탁구공을 뿌려주며 연습을 돕는다.

매일 무언가에 쫓기듯 잠시도 내 몸을 쉬지 못했다. 밤이 되면 두 눈이 풀렸다. 침대에 누우면 바로 꿈나라로 직행했다. 휴직하면 편할 줄 알았다. 하지만 나의 육아 휴직은 쉬는 것이 아니었다. 가정 어린이집에 아침 8시 반에 출근해 밤에 퇴근하는 아내의 빈자리를 메워야 하는 상황이었다. 집안일, 자녀 간식과 식사 챙김, 자녀 학습 도우미 등의 업무를 수행하느라 직장 생활보다 빡센(?) 나날이었다.

어느 날 아침이었다. 안방 구석에 놓인 작은 책상 앞에 앉아 생각에 잠겼다. 문득 마흔 중반까지 살아온 나의 삶을 기록하고 싶다는 열정이 피어올랐다. 매년 사용한 다이어리가 들어 있는 상자를 열었다. 10여 권의 수첩이 쌓여 있었다. 수

첩을 한 장, 두 장 넘기며 삶의 흔적을 돌아보았다. 10대, 20대에 쓴 일기를 꺼내 읽었다. 색이 누렇게 바랜 일기장을 넘기며 그때의 감정이 되살아났다. 그간 살아온 인생을 글로 써 보자는 생각이 책을 출간하고 싶다는 꿈으로 확장됐다. 본격적으로 책을 쓸 준비를 시작했다. 책 쓰기에 관한 자기 계발서를 세 권 읽고 어떻게 책을 써야 할지 방향을 잡았다.

책 쓰기를 향한 나만의 항해를 시작했다. 가족이 집을 비운 오전 두 시간이 책을 쓸 황금 시간이었다. 그 시간을 확보하기 위해 아내와 가족이 집에서 나가면 서둘러 집을 청소하고 정리했다. 자녀가 학교에서 돌아오기 전에 그날 목표한 분량을 써야 한다는 긴장감이 내게 집중력을 선물했다.

2019년 8월에 나의 첫 책인 《두려움에 딴지를 걸어라》(북랩)가 세상에 나왔다. 책을 쓰기로 마음먹은 지 6개월 만의 성취였다. 그간의 삶을 기록으로 남겼다는 만족, 내 이야기를 읽고 공감해 주는 독자의 이야기를 접할 때의 감동, 자신을 사랑하고 존중하는 높아진 자존감이 나의 가슴을 뛰게 만들었다.

1년간의 휴직 기간을 마치고 직장에 돌아갔다. 시간이 지나면서 알았다. 휴직 전과 후의 내가 다름을. 글을 쓰기 전과 글 쓰는 사람으로 거듭난 뒤의 내가 다른 사람으로 변했다는 사실을.

첫째, 다른 사람을 더 이해하고 공감하려고 노력한다. 휴직 기간을 통해 아내의 입장에 대해 생각해 보았다. "집에서 하는 게 뭐예요?" 하며 핀잔을 주었던 나의 말이 떠올라 얼굴이 화끈거렸다. "아빠가 한번 말하면 들어야지" 하고 자녀에게 말하는 가부장적인 나의 모습을 볼 때마다 자괴감에 빠졌다. 아내의 자리에서 생활하고, 아이들의 눈높이로 내려가 대화하며 다른 사람의 처지를 돌아보는 안목과 마음이 자랐다. 직원들과 작은 일로 부딪혔던 휴직 전과 달리, 휴직 후에는 상사가 무례한 업무 지시를 하거나 후배가 예상 밖의 태도를 보여도 차분히 응대하는 마음의 여유가 생겼다.

둘째, 보고서를 보는 안목과 작성 능력이 향상됐다. 중간 관리자로서 후배들이 작성하는 보고서의 방향을 잡아 주고 수정한다. 직장 상사가 나를 거쳐 간 보고서와 보도 자료를 보고 흡족한 표정을 짓는다. 휴직 전에는 보고서를 쓰는 게 귀찮게 느껴졌지만 휴직 후에는 상사에게 잘 보이기 위해서가 아니라, 내가 만족할 때까지 고친다. 내가 수정한 보고서를 확인하고 파티션 너머 자리에서 일어나 엄지 척을 해 보이는 후배를 보며 내 얼굴에 웃음꽃이 피어난다.

마지막으로, 일상의 의미를 재발견했다. 사물과 사람에게 관심이 생겼다. 주변 사람의 생각과 감정이 궁금해졌다. "이 부분은 어떻게 생각하나요? 그럴 때 기분이 어때요? 왜 그렇게 생각해요?" 등 내 말을 하기보다 질문하는 사람으로 변했다. 매일 얼굴을 보는 직원이라도 그 사람이 느끼는 생각과 감정이 매일 다르다는 것을 깨달았다. 출근해서 엘리베이터를 타면 눈을 감고 '오늘도 출근할 직장을 허락해 주셔서 감사합니다'라고 속으로 기도한다. 사무실 자리 의자에 앉을 때 '하나님, 이 자리를 제게 허락하셔서 고맙습니다' 하고 감사를 올려 드린다. 사람, 풍경, 일상 경험에서 의미를 발견하며, 느끼고 생각한 바를 꾸준히 글로 기록했다. 그 기록을 모아 2021년 6월에 두 번째 책《두려움에 펀치를 날리다》(북랩)의 출간이라는 열매를 거두었다.

인생의 어두운 터널에 들어설 때마다 사람이 아니라 하나님을 의뢰한다. 간청하는 과부처럼 매달릴 때 하나님은 내게 터널 끝의 빛을 비춰 주신다. 회원 기관 파견 근무와 육아 휴직은 하나님이 내게 열어 주신 '새로운 문'이었다. 승진에 밀려 괴로울 때 파견 근무라는 피난처를 허락하셔서 다시 일어설 수 있도록 도와주셨고, 도돌이표 같은 직장 생활에서 갈 길 몰라 방황할 때 육아 휴직을 통해 '글 쓰는 사람'으로 다시 태어나 직장 생활의 의미를 되찾도록 돌파구를 열어 주셨다. 나는 고백한다. 한쪽 문이 닫힐 때 다른 문을 열어 주시는 하나님은 나의 피난처, 선한 목자이시다.

12

일터에서 하나님을 고백하다

> "누구든지 사람 앞에서
> 나를 시인하면 나도 하늘에 계신 내 아버지 앞에서
> 그를 시인할 것이요"(마 10:32).

여인홍 특허청

서울대학교 전기공학과를 졸업하고 미국 보스턴대학교에서 법학 석사(LL.M.) 학위를 받았다. 기술고시 34회(1999년)로 공직에 입문해 특허청에 근무하고 있으며, 현재는 서울중앙지방법원에 파견 근무 중이다.

공직 입문

나의 공직 입문 과정은 주님과의 인격적인 만남과 관련이 깊다. 고등학교를 졸업하고 학원 생활까지 하며 남들이 부러워하는 좋은 대학을 목표로 달려왔으나, 막상 입학 후에는 모든 것이 부질없고 허무하게 느껴졌고 학교생활도 겉돌게 되었다. 변화의 계기를 마련하고자 군대에도 다녀왔으나 방황은 여전했고, 복학 후 졸업과 취업 걱정까지 더해져 마음이 더욱 어지러워졌다.

어느 날 나의 문제를 주님께 가져가 보자는 생각이 들었다. 주일 예배를 겨우 지키는 수준의 신앙이었던 내게 이런 마음을 주신 분은 성령 하나님이시라고 생각한다. 작은 생각을 품었을 뿐인데 얼마 지나지 않아 설교 말씀이 들리기 시작했다. 예배 시간마다 알 수 없는 눈물을 흘렸고, 예배드리는 것이 너무 좋아 다음 주일을 손꼽아 기다리는 시간을 지나며 내 삶은 변하기 시작했다.

출애굽 마지막 재앙에서 어린양의 피를 바르기만 하면, 믿음으로 바른 사람이나 의심하며 바른 사람이나 차별 없이 구원을 얻었다는 사실을 깨닫고 확신과 의심 사이를 오가던 나도 구원의 확신을 가지게 되었다. 청년부에 등록해 소그룹에 참여하면서 말씀을 알아 가고 교제의 기쁨을 누리게 되었고,

나중에는 일대일 양육을 받으면서 학교 기숙사 방문을 두드리며 '생명의 다리' 전도지를 나누기도 했다. 기도 제목의 영역이 나 중심에서 이웃, 교회, 국가로 점차 확대되었다.

장래에 대한 걱정도 주님이 책임져 주신다는 생각에 마음이 편해졌다. 대학원을 가기보다 졸업 후 바로 취업을 결심하고 알아보던 중 공대생도 기술고시를 통해 공무원이 되는 길이 있고 특히 특허청에서 경력을 쌓으면 나중에 변리사 자격증이 나와서 변리사가 될 수 있다는 이야기를 들었다. 학교 선배였던 청년부 지도자에게 조언을 구하고 기도하면서 시험 준비를 시작했다.

당시 기술고시는 최종 선발 인원의 5배를 뽑는 1차 시험 이후 2차 시험, 최종 면접으로 구성되어 있었다. 내가 지원한 전기 직렬은 보통 한 해에 5명을 선발하는데, 응시 첫해는 특별히 30명을 선발해 비교적 쉽게 1차 시험을 통과했다. 1차 합격자는 당해 2차 시험에 떨어져도 다음 해에 재도전의 기회가 주어진다. 다음 해에는 선발 인원이 다시 5명으로 축소되어 2차 시험에 전례 없이 많은 약 120명의 재도전자에 당해 1차 합격자 25명이 더해지는 치열한 경쟁 속에서도 나는 합격의 기쁨을 누리게 되었다. 어려운 상황에도 첫 시험에 1차 합격, 다음 해에 2차 합격을 한 것은 하나님의 도우심 없이는 불가능했다.

1차 시험은 혼자 준비했지만 2차 시험은 함께 공부하는 것이 좋을 듯해 과 게시판에 스터디 그룹 공고를 붙였고, 2명과 연결되어 함께 공부했다. 한 주 분량을 정해 각자 공부한 후 모여서 점검하는 방식으로 진행했는데, 매주 따라가기가 쉽지 않았다. 당시 영적으로 불이 붙어 있던 나는 주일은 교회에서 살다시피 했고, 주중에는 소그룹 모임이 있었고, 그즈음에 일대일 양육 과정도 시작해서 다른 스터디 친구들보다 하루 반나절 이상이 부족한 상황이었다. 그래도 어떻게든 한 주 분량을 채워 스터디 진도를 따라갔고, 결과적으로 그해에 3명 중 나만 합격하고 다른 친구는 시험을 몇 번 더 봐야 했다.

시험에서 가장 어렵고 배점이 큰 문제에 아는 내용이 나왔다. 사람들은 운이 좋았다고 하겠지만, 하나님의 은혜가 아니고서는 일어날 수 없는 일이었다. 초심자의 기도를 하나님이 불쌍히 여기사 들어주신 것이 아닐까 생각한다. 주님께 집중했더니 주님은 나의 일에 주목해 주셨다.

특허청 생활

신규 사무관 교육 후 계획했던 대로 특허청을 지원했다. 특허청의 기본 업무는 심사와 심판이다. 심사는 특허 출원서를 보고 법에서 정한 요건을 갖추었는지 검토하는 작업이다. 출원된 기술 내용을 파악하고 이와 동일하거나 유사한 기술이 이미 존재하는지 검색·비교하는 데 가장 많은 시간이 든다. 데이터베이스에는 앞서 출원된 특허 문헌들이 축적되어 있고, 더불어 논문 등 다양한 기술 문서들이 축적되어 있다. 외국에서 공개된 문헌도 종래 기술로 인정되기 때문에 특허 심사관은 특허법 지식, 기술에 대한 이해와 더불어 외국어 능력도 필요하다.

심판은 심사 단계의 결과를 받아들이지 못하고 재검토를 요청한 사건들을 처리하는 단계다. 대표적으로 특허 출원이 거절되었을 때 그 결과에 불복하는 거절불복심판과, 이와는 반대로 다른 사람의 등록 특허를 무효화시켜 달라고 요청하는 무효심판이 있다.

특허 심사 분야는 국제적인 협력이 활발하다. 각국 특허청 사이에는 심사협력이라는 분명한 협력 의제가 있기 때문이다. 한국의 특허법은 한국 내에서만 영향을 미칠 뿐 한국의 영토를 떠나 외국까지 영향을 미치는 것은 아니다. 따라서 한국에서 특허 등록을 받은 기술이라 하더라도 미국에서는 미국 특허청에 다시 출원해 심사를 거쳐 등록을 받아야 보호받을 수 있다. 같은 기술이 여러 나라 특허청에 출원되어 있을 때 이를 패밀리 특허라고 하는데, 각국 특허청은 패밀리 특허의 출원 정보를 공유할 뿐만 아니라 특히 한국, 미국, 일본, 유럽, 중국 등 5개국의 특허청은 패밀리 특허의 심사 진행 경과와 실제 서류까지도 실시간으로 공유해 심사 결과의 품질과 정합성을 높이는 데 활용하고 있다.

내가 입사한 1999년에는 특허라는 용어도 낯설어하는 사람들이 많았는데 20여 년이 지난 요즘에는 중요도를 이해하는 분들이 많아졌고, 특히 국제 무대에서도 한국과 한국 특허청의 위상이 높아졌음을 실감하고 있다. 매년 개최되는 세계 지식재산기구(WIPO, 지식재산권 분야 UN 기구) 총회에 참석해 보면 개회식 모두 연설 순서가 첫 번째나 두 번째로 지정되고(개최국, 그해 대륙별 대표 등 정해진 순서 제외), 개회 전부터 각국 대표단으로부터 회의 기간 중 한국 대표단과 개별 면담을 하고 싶다는 요청이 많아 조정하거나 거절해야 하는 상황이다.

이와 같이 지속적으로 성장하는 특허 분야에 몸담으면서 다양한 경험을 할 수 있었던 것은 정말 감사한 일이다. 기본적으로 심사·심판 업무를 감당할 수 있는 역량을 기를 수 있었고, 국제 업무를 담당할 기회가 있어 WIPO 본부가 있는 스위스, 미·일·중·유럽 특허청 그리고 스칸디나비아, 남미, 아프리카까지 방문해 협력을 진행하기도 했으며, 개도국 특허청 직원들을 초청해 한국의 경험을 공유하는 교육 사업을 진행하는 등 국제적인 역량을 키울 수 있었다.

현재는 심사·심판 업무 경험을 바탕으로 서울중앙지방법

원에 파견을 나와 특허 침해와 같은 지재권 사건을 전담하는 재판부를 지원하는 업무를 하고 있다. 1,600명이 넘는 특허청 직원 중에 이러한 경력 경로를 가진 사람은 드물다. 모두 하나님의 은혜임을 고백한다.

다니는 교회에서는 핵심 가치의 하나로 '회사 생활에 성실하고 창의적인 크리스천으로 임하여 동료들에게 모범'이 될 것을 강조하고 있다. 부족하지만 이를 실천하기 위해 노력해 왔다. 사실 심사·심판 업무는 고독한 자기와의 싸움이다. 출원인이나 이들을 대리하는 변리사를 직접 만나는 일은 드물고, 서류와 씨름하는 시간이 대부분이다. 출원서를 읽고, 기술 내용을 파악하고, 유사한 선행 기술이 있는지 데이터베이스에서 검색을 수행하여 그 결과를 정리해 문서를 작성한다. 이러한 모든 활동은 점수화가 되어 있어 매달 일정 점수 이상을 채워야 하는데, 한 달 실적을 힘겹게 완수하면 새로운 달에 0점부터 다시 시작하는 삶이 계속된다. 하나님이 나를 이곳에 보내셨다는 소명 의식을 가지고 특허청 생활을 시작했지만 4년, 5년이 지나면서 다람쥐 쳇바퀴 도는 삶에 지치기도 했다. 그럼에도 법, 기술, 외국어 능력 삼박자를 갖추기 위해 계속 노력했다. 공대 출신으로서 부족한 법 지식을 익히기 위해 노력했고, 기계 번역기의 도움을 받기도 하지만 정확한 문헌의 뜻을 알기 위해 외국어 공부도 빠지지 않고 계속했다.

10년 차가 되었을 때 하나님은 2년간 미국 연수의 기회를 주셨다. 법 공부를 더 할 수 있는 기회가 되었을 뿐만 아니라 지난 10년간 하나님이 부어 주셨던 복을 세어 보며 재충전할 수 있는 기회가 되었다. 외국에 있으면서 내가 소속된 곳, 돌아갈 곳이 있다는 것이 얼마나 감사한지 깨닫게 되었고, 앞으로도 원래의 소속은 천국이지만 이 땅에 그리고 특허청에 파견받은 크리스천이라는 정체성을 잊지 않고 살 것을 다짐하는 시간이었다. 미국 연수는 특허청 복귀 후 국제 업무 담당 부서에서 근무할 수 있는 기회로도 이어졌다.

앞서 말한 대로, 국제 업무를 하면서는 여러 나라를 방문하고 다양한 인종들을 만날 기회가 있었는데, 이러한 경험은 영적인 시야를 넓히는 데 큰 도움이 되었다. 오찬을 겸한 행사에 참가했을 때 이슬람 국가에서 온 참가자가 라마단 기간이라 오찬을 할 수 없으니 대신 저녁에 먹을 수 있도록 박스에 음식을 담아 달라고 요구하는 모습에 살짝 놀랐고, 주최 측에서 최선을 다해 응대하는 모습에 또 한 번 놀란 적이 있다. '기독 신앙을 이유로 별도 대우를 요구한다면 어떤 반응이었을까?' 하는 생각이 들었다.

무슬림은 어디에 있든지 기도 시간을 지킨다는 이야기를 들은 적이 있는데, 이 사건과 겹치면서 자신의 신앙 정체성을 지키고 드러내는 데 거리낌 없는 모습에 도전을 받았다. 크리스천임을 숨긴 것은 아니나 굳이 말하지 않았는데 이 사건 이후로는 "교회 다닌다. 예수 믿는다. 크리스천이다"라고 거리낌 없이 말할 수 있었고, 내가 어색함 없이 말할수록 대부분의 사람들이 자연스럽게 반응하는 모습을 발견했다.

대화 도중에 내가 크리스천임을 알게 된 러시아 출신의 무신론자였던 한 인사가 신이 존재한다면 아이티 지진과 같은 재난이 어떻게 발생할 수 있는지 물어 와 신앙에 대한 이야기를 나눌 기회가 되기도 했다. "신이 존재하면 천재지변이 일어나지 않는다"라는 전제 조건이 참임을 어떻게 증명할 수 있는지 반문하고, 기독 신앙의 근거가 되는 성경을 보면 천재지변 장면이 여러 번 등장하며, 하나님이 왜 이런 일들을 허락하시는지 다 이해할 수는 없지만 모든 어려움 가운데 하나님은 우리와 항상 함께하시고 믿는 자에게 이 모든 어려움을 극복할 힘을 주신다고 답변한 기억이 있다.

특허청은 하나님이 나의 일터로 삼아 보내신 곳이다. 시험을 준비하며 올려 드렸던 간절한 기도 그리고 합격 직후 가졌던 초심을 잃지 않기 위해 노력해 왔다. 하나님이 다른 곳으로 옮기지 않으시는 이상 하나님이 보내신 이곳에서 하나님이 나의 아버지이심을 변함없이 고백할 수 있기를 기도한다.

특허청 신우회

특허청 생활에서 빠질 수 없는 부분이 신우회다. 직장에서 같은 믿음을 가진 동역자들을 만나 서로 격려하고 특허청을 위해 함께 기도할 수 있다는 것이 큰 힘이었고 나의 특허청 생활을 지탱하는 기둥이었다.

첫 예배 때부터 좋았던 것은 아니었다. 전산 교육장에서 드린 예배는 책상에 설치된 모니터로 앞쪽 시야가 가려졌고, 찬양을 인도했던 분은 음을 잘 다스리지 못했다. 당시 임원들이 돌아가면서 찬양 인도를 했는데 마침 그분의 순서였던 것이다. 제한된 시간 안에 점심 식사까지 마쳐야 해 회원들과 교제를 나눌 여유도 없었다. 그런데 나의 마음에는 계속 참석에 대한 고민보다는 오히려 힘을 보태야겠다는 생각이 들었다. 이곳에서는 나의 작은 역할도 도움이 될 것 같았다.

이후로 신우회에 꾸준히 참석하면서 찬양 인도자로 섬기기도 했고, 총무로, 회장으로 그리고 정부대전청사 기독연합회 회장으로 섬기기도 했다. 특허청 신우회는 매주 목요일 점심시간에 예배를 드린다. 수요일 아침에 기도회를 하고, 요즘은 뜸해졌지만 1년에 한두 번은 일과 후 기도원을 방문해 기도회를 가지기도 했다. 일에 치일 때는 모임에 참석하고 싶지 않은 마음이 들기도 했지만, 기도회를 마치고 돌아올 때는 항상 하나님이 주시는 새로운 힘을 경험할 수 있었다.

신우회를 섬기면서 직장에서까지 왜 모여야 하는가에 대한 생각이 계속 있었다. 국가와 대통령을 위해 기도하는 사람은 많다. 내가 섬기는 교회도 항상 함께 기도하는 제목이다. 그러나 특허청과 특허청장을 위해서는 누가 기도해야 할까? 바로 특허청에 몸담은 크리스천 공직자들이 아닐까? 목요 예배를 통해 특허청의 주인이 하나님이심을 선포하고, 참가하는 회원 모두가 크리스천 공직자라는 신분을 깨닫고 하나님의 능력과 도우심을 덧입는 시간이 되기를 소망했고, 여전히 소망한다. 하나님께서 우리의 예배와 기도를 기뻐하실 줄 믿는다.

맺음말

20여 년 공직에 있으면서 여러 부족한 점이 있었지만, 내가 하나님의 자녀임을 숨기지 않고 사람 앞에서 하나님을 나의 아버지로 고백하기로 결심하고 지키려고 노력해 왔다. 나의 일터 특허청에서 맡은 업무에 최선을 다하고 또 말씀, 기도, 예배로 하나님을 만나기 힘쓴다면, 군 제대 후 공무원 입문을 준비하면서 나를 만나 주셨고 특허청의 크리스천 공직자로 삼으신 하나님께서 남은 공직 생활 중에도 나를 기억하시고 동행해 주실 줄 믿는다.

13.

통계, 감추어진 보물, 인도하심

"사무엘이 돌을 취하여 미스바와 센 사이에 세워 이르되
여호와께서 여기까지 우리를 도우셨다 하고
그 이름을 에벤에셀이라 하니라"(삼상 7:12).

임영일 호남지방통계청

전남대학교 통계학과를 졸업하고, 한남대학교 행정정책대학원에서 통계학
석사 학위를 받았다. 1997년 공직에 임용된 후 1998년 통계청 산업통계과
와 2006년 인구총조사과를 거쳐 현재 호남지방통계청에서 농어업조사과장
으로 재직 중이다.

통계와의 만남 하나님의 인도하심

"통계청에서 통계조사 나왔습니다.""뭐, 어디? 청계천에서 왔다고?"

통계청에 입사 후 들었던 조사 공무원들의 현장 조사 체험 내용이다. 지금까지 직접적인 현장 조사 경험은 없어 충분하게 이해하지는 못하지만, 현재 조사 공무원들과 밀접하게 있다 보니 조사 불응이나 7-8월의 무더위 같은 현장의 어려움을 다소나마 느끼고 있다. 지금이야 통계청이 인구조사, 소비자 물가, 실업률, 경기 동향 등을 조사하는 곳으로 어느 정도 알려져 있지만, 20여 년 전에는 통계청이 무엇을 하는 곳인지 국민들이 잘 알지 못했던 것 같다.

고등학생 때 확률과 통계라는 부분을 스치고 지나쳤을 뿐으로 대학에 통계학과가 있는지, 통계청이라는 정부 기관이 있는지 알지 못했다. 대학 진학을 전자공학과로 가고자 했으나 시험 성적이 미치지 못해 통계학과에 입학하게 되었다. 그동안 잘 알지 못했던 통계와의 만남이 시작되었다.

통계란 의미 없는 숫자의 나열이 아닌, 사회 현상이나 자연 현상을 한눈에 알아보기 쉽게 일정한 체계에 따라 부여된 숫자로 평균, 표준 편차, 분산 등을 말한다. 대학에서는 수집된 정보를 여러 분석 도구로 분석하고 해석하는 것을 배우는 과정을 거쳤다.

통계학을 배우는 상황에서 점차 취업에 대한 고민을 시작하게 되었고, 통계학과의 불안정한 취업 상황 가운데 공무원 시험을 준비하기로 했다. 4학년 졸업반 때 시험 삼아 행정직 공무원 시험을 보기도 했고, 졸업 시기가 다가오자 취업을 해야 한다는 생각으로 정보통신회사, 은행 등에도 원서를 내고 시험을 봤다. 면접까지 가기도 했지만 결국 떨어지고 말았다. 이때까지도 통계청은 나와는 관계가 없는 듯했다.

1996년 연말에 통계청 공무원 시험이 갑자기 공고되었고, 시험과 면접을 통과해 통계청에 입사하게 되었다. 준비 기간이 짧았지만 시험 과목이 공무원 준비를 했던 과목과 통계학 과목이어서 다른 사람들보다 유리하게 준비할 수 있었다.

통계청 입사 후 처음으로 접한 업무가 행정 업무였다. 물론 꼭 필요한 업무였지만 행정 업무가 내게 맞지 않음을 느꼈다. 각 과의 업무를 취합해 보고하는 국의 행정 업무였는데, 공직 초보자인 나로서는 취합하고 독려하고 부탁하는 행정 업무가 어렵고 힘들게 느껴졌다. 통계학과를 나왔으니 통계 업무를 하고 싶은 마음이었다. 그러나 업무를 맡은 지 얼마 되지 않았고 옮기기도 쉽지 않았다.

그러던 중 다른 국에서 우리 국으로 오신 국장님이 전에 있던 국에서 행정 업무 담당자를 데려오고 싶어 하셨고, 나에게는 좋은 기회였다. 그런데 문제가 있었다. 데려오실 분과 나의 직급이 맞지 않다는 것이었다. 7급의 자리에 6급을 인사할 수는 없었다. 그럼에도 간절함의 결과인지, 서로의 직급자리를 조정해 나는 드디어 원했던 통계조사 업무를 본격적으로 시작하게 되었다. 이 또한 하나님의 인도하심임을 깨닫는 순간이었다.

인구조사 가운데 하나님의 인도하심

2006년 전보 기간이 되어 다른 국으로 가야 할 상황이었다. 내가 지원한 과는 다른 과였는데, 인구조사과로부터 오라는 전화가 왔다. 전에 잠깐 함께 근무했던 과장님의 전화라 거절하지 못했다. 이때부터 15년간 인구조사 업무를 담당하게 되었다.

통계청에 입사 후 5년마다 실시하는 인구주택총조사를 2000년부터 2020년까지 5회 경험했다. 2000년과 2005년은 다른 과에 근무하면서 조사원 교육과 실사지도업무(조사 과정이 제대로 이루어지는지를 확인하고 어려운 점을 듣고 지원하는 것)를 지원했고 2006년부터는 본격적으로 인구조사과에서 근무하면서 3회의 총조사에 직접 관여하게 되었다.

이 과정에서 인구주택총조사의 큰 변화의 중심에 함께하

게 되었다. 1925년부터 시작된 인구주택총조사는 5년마다 실시하는 조사로, 2010년부터는 12만 명의 조사원과 공무원이 동원되는 통계청에서 가장 큰 조사다. 인구주택총조사는 인구수만 세는 것이 아닌 다문화, 가족 구조 변화(1인 가구 사유, 반려동물 유무), 안전한 사회(소방시설 보유, 마시는 물) 등 50여 개의 다양한 문항을 조사해 여러 조사의 표본 추출 틀로서의 역할뿐만 아니라 사회, 경제 정책의 기초 자료로 활용된다.

인구주택총조사는 5년마다 실시하지만 3년 전부터 시험 조사를 실시하고 인터넷 조사, 조사표 입력 등을 위한 시스템을 사전에 구축해야 한다. 2010년 인구주택총조사는 인터넷 조사를 본격적으로 실시하게 된 해였다. 인터넷 조사를 담당하면서 3년 전부터 시험 조사를 통해 인터넷으로 국민들이 참여할 수 있도록 여러 가지를 고민하게 되었다. '인터넷으로 참여하는 조사 화면을 어떻게 설정할 것인지, 어떻게 홍보해야 많이 참여할 수 있는지, 조사원이 방문하기 전에 얼마 정도의 기간 동안 실시해야 하는지, 조사원 방문 시에도 인터넷 조사가 가능하도록 해야 하는지' 등을 고민했다.

무엇보다도 인터넷 조사 30%를 목표로 예산부터 삭감된 상태였기 때문에 무조건 30%를 넘기기 위해 고군분투했다. 2005년에 인터넷 조사를 처음 시도했고, 0.9%의 가구만 인터넷으로 참여했다. 물론 인터넷 조사의 신뢰성 문제로 홍보를 하지 않아 참여율이 낮았지만, 홍보를 한다고 인터넷 참여율을 30%까지 높일 수 있을지 장담할 수 없었다. 따라서 인터넷 참여율을 높이기 위해 다양한 방안을 검토했다. 응답자에게 추첨하여 상품권을 주었으며, 참여 학생에게 봉사 활동 시간을 주는 것을 검토했다.

그러던 중에 자원봉사 교육 단체로부터 "인구주택총조사 인터넷 응답 행위는 국민으로서 당연히 해야 할 협조 사항이지 공익적인 가치를 창출하는 봉사 활동이라고 할 수 없다"라는 거센 항의가 왔다. 담당자로서 이것이 과연 봉사 활동인지를 고민하지 않을 수 없었다. 이를 위해 통계청 기독선교회에도 기도 제목을 내고 함께 기도했다. 일반적인 자원봉사의 개념은 아니라는 생각 가운데 행정 안전부 산하 한국중앙자원봉사센터에서 생활 봉사에는 해당하지 않는다는 검토 결과가 나왔다.

이에 따라 공익적인 가치를 창출하며 교육적인 부분에 초점을 맞추어 일을 추진했다. 먼저, 교육부와의 협의를 통해 협조를 구하고, 교육부를 통해 각 시도 교육청의 협조를 얻었다. 또한 자녀들이 부모와 함께하는 인구주택총조사 인터넷 조사와 선생님들이 교육할 수 있도록 인구주택총조사 항목이 갖는 사회 현상에 대한 교육 자료(저출산 고령화, 다문화, 1인 가구, 주거 형태 등)를 만들어 초·중·고등학교에 제공했다.

시행 과정에서도 어려움이 있었다. 교육부를 통해 교육청으로 내려간 공문이 해당 부서를 찾느라 각급 학교까지 전달이 안 된 경우가 발생했다. 시도 교육청에 전화해 공문 시행을 확인하고 빠른 전달을 요청했다. 또한 각 학교에서 오는 전화 응대도 만만치 않았다. 이러한 어려움이 있을 때마다 기도하지 않을 수 없었다.

인터넷 참여율 30%를 달성하는 문제뿐만 아니라 인터넷으로 조사하기 위해서는 여러 문제가 있었다. 그중에 하나는 보안 문제였다. 국가정보원의 보안 테스트를 통과했으나 실제 조사 과정에서도 문제가 없어야 했다. 또한 일시적으로 많은 국민이 참여할 경우 과부하로 인해 시스템이 중단될 우려가 있었다. 여러 차례의 시험 조사와 부하 테스트를 거쳤지만 인터넷 조사 기간 중 매 순간 조마조마했다.

나중에 안 사실인데, 2016년 호주 통계청의 인구센서스 인터넷 조사 시 과부하 문제로 40시간 동안 시스템이 중단된 사례가 있었다. 2010년 인구주택총조사에서 호주보다 더 많은 인원이 인터넷으로 응답했음에도 시스템상 문제없이 지나간 것도 지금 생각하면 하나님의 도우심이었음에 감사드린다. 직장선교회 회원들의 기도와 많은 사람의 동역으로 인터넷 조사율 47.9%를 달성하게 되었다. 2011년 캐나다가 이 기록을 뛰어넘어 일시적으로나마 세계에서 가장 높은 인터넷 조사율을 기록했는데, 우리나라의 정보통신기술을 과시할 수 있었다.

2015년 인구주택총조사는 현장 조사를 하지 않고 주민등록 자료 등 행정 자료로 인구, 가구, 주택을 조사하는 등록 센서스를 처음으로 실시했다. 물론 행정 자료에 없는 항목들이 있어 전 국민의 20%는 현장 조사를 했다. 행정 자료와 실제가 다른 경우가 많았고, 이를 보완하기 위해 하나님께 지혜를 구했다. 여러 반대와 어려움에도 주님이 주시는 지혜로 2016년에 성공적으로 결과를 공표할 수 있었다. 현재는 몽골, 태국, 인도네시아, 볼리비아 등 여러 나라에서 우리나라의 등록 센서스를 벤치마킹하기 위해 초청하고 배우러 오고 있다.

두 번의 인구조사 기간 개인적으로도 가장 바쁜 시기를 보냈다. 2010년 인구조사 때는 그해 3월 두 딸의 아버지가 되었다. 업무적으로 가장 바쁜 시기에 두 딸을 양육하기란 쉽지 않았다. 또한 2015년에는 청사 연합회 총무로, 사역 훈련으로, 지금 생각하면 어떻게 했는지 이해되지 않는다. 직장선교회와 사역 훈련 동역자 집사님들의 기도가 있었고 하나님의 인도하심으로 가장 힘든 시기를 잘 이겨 낼 수 있었다.

성경 통독을 하다 보면 성경에 나타난 인구조사에 유독 눈이 간다. 민수기에 기록된 두 번의 인구조사, 다윗의 인구조사와 하나님의 심판, 예수님의 탄생에 관련된 로마의 호구조사가 있다. 성경의 인구조사에서 나타나는 공통점은 생명과 관련이 있어 보인다. 우리나라 인구는 약 5,000만 명으로, 개개인은 작게 보인다. 그러나 주님은 한 사람을 천하보다 귀하게 여기신다. 앞으로 삶 속에서 한 사람의 생명의 소중함을 생각하며 살아야 함을 느낀다.

나의 소명-직장선교회

통계청 입사 후 얼마 지나지 않아 직장선교회에서 참여 요청을 받았다. 처음에는 교회에서 열심히 하면 되지 직장에서까지 모임을 갖는 것이 부담스러웠다. 또한 입사 후 술자리에서 술을 권해서 마지못해 마셨는데, 술을 권하던 분을 선교회에서 만났을 때 당황스러웠고 이해가 되지 않았다. 그러다 나의 신앙이 성장하면서 하나님이 그분을 성장시키시는 과정임을 깨닫게 되었다. 일시적인 상황만으로 다른 사람을 판단했던 일을 회개했다.

선교회 내에서 만난 신앙의 선배들을 보며 일을 통해서도 하나님의 영광을 드러낼 수 있음을 알게 되었다. 통계청 선교회는 매주 수요일 점심에 예배를 드리고 소그룹 모임을 통해 기도와 교제를 이어 나가고 있다. 생명샘교회 강지철 목사님과 천성감리교회 부목사님이 교대로 말씀을 전하고 계시며, 부활절에는 달걀, 성탄절에는 사탕을 전 직원에게 전하며 복음을 증거하고 있다.

2012년부터 2014년, 3년간 통계청 선교회 총무를 맡고 이제 내려놓으려는 순간, 청사 연합회장으로부터 대전청사 연합회 총무를 맡아 달라는 부탁을 받았다. 부족함으로 고사했으나 결국 승낙했다. 이때의 청사 연합회장은 2010년 인구조사에는 과장님으로, 2015년 인구조사에는 국장님으로 모셨던 믿음의 동역자였다.

연합회 총무를 맡을 시기에 청사 연합회 예배 처소 문제로 청사 관리소와 대립이 있었다. 전임 총무님이 기도하며 대응하셨지만 선교회 예배 처소를 옮겨야 하는 상황에 처했다. 1998년 대전청사에 입주한 후 통계청 선교회는 청사 후생동 지하 예배 처소에서 꾸준하게 모임을 가져왔다. 당연하게 생각되었던 것인데 그 어떤 선교회도 별도의 장소를 갖고 있지 않다는 이유였다. 대부분의 선교회가 기존 회의실을 이용하고 있는 데 반해 통계청 선교회는 당당하게 고유한 장소를 배정받아 사용해 왔던 것이다.

그런 상황에서 청사 관리소장이 바뀌었는데, 청사 관리소장의 생각은 운동 시설이 있는 곳에 예배실이 있는 것이 맞지 않으니 다른 기관처럼 회의실을 이용하라는 입장이었고, 우리는 기존에 예배실로 사용해 왔던 곳이고 통계청뿐만 아니라 여러 기관의 예배 장소, 찬양 모임 등으로 활용되고 있음을 강변했다.

이 기간 청사 관리소장이 여러 번 예배 시간에 참여해 상황을 살펴보았고, 결국 예배실을 옮겨야 했다. 그렇지만 하나님의 인도하심으로 후생동 2층에 간이 시설로 예배실을 만들어 주었다. 가끔은 예배 시간 옆에서 악기 연습 소리가 나지만 예배실이 있음에 감사할 수 있었다.

2021년 7월 대전통계청 본부에서 광주 호남지방통계청으로 발령이 났다. 코로나19 팬데믹으로 인해 그동안 통계청 기독선교회도 비대면으로 예배를 드려 왔다. 그리고 지난 5월부터 비대면 예배를 멈추고 대면 예배로 전환했다. 그동안 광주에서도 대전본청의 선교회 예배를 비대면으로 참여해 왔으나 대면 예배 전환으로 더 이상 참여할 수 없게 되었다.

그러던 중에 "그곳에서 무엇을 하고 있니?"라는 하나님의 음성이 들리는 듯했다. 고민 끝에 호남지방통계청 내 믿음의 사람들을 찾아 이곳에서도 직장선교회를 다시 시작해 보자는 생각을 공유했고, 6월 말 6명으로 처음 모임을 시작했다. 예전에 호남지방통계청에도 선교회 모임이 있었지만, 코로나19 팬데믹 이전부터 모임이 없어진 지 꽤 오래되었다고 했다. 다시 시작하는 선교회 모임을 통해 호남지방통계청의 믿지 않는 직장 동료들에게 복음을 증거할 수 있는 선교회로 나아가기를 기도한다.

14

이 산지를 내게 주소서

"항상 기뻐하라 쉬지 말고 기도하라
범사에 감사하라
이것이 그리스도 예수 안에서 너희를 향하신
하나님의 뜻이니라"(살전 5:16-18).

장영신 산림청

서울산업대학교(현 서울과학기술대학교) 행정학과를 졸업했다. 1991년 산림청에 임용된 후 임업연구원(현 국립산림과학원), 본청 국유림관리과, 북부지방산림청 서울국유림관리소, 본청 국립백두대간수목원조성 사업단, 기획재정담당관실, 산림복지정책과, 법무감사담당관실, 정원팀장, 코로나19 긴급대응반장을 거쳐 현재 산림휴양등산과장으로 재직 중이다.

내 영혼의 심장을 뛰게 하라!

"소장님, 얼마나 걸릴까요? 비용이 얼마나 더 필요할까요?" "글쎄요, 이놈의 암반이 얼마나 더 있는지 알 수 없으니…. 계산할 수가 없어요."

지금으로부터 14년 전 그날도 이른 아침 공사 현장을 찾았다. 산림청 2차 소속 기관인 서울국유림관리소 청사 신축 부지 터 파기 작업 중에 나와 공사 현장 소장이 나눈 대화다. 초조한 모습으로 오전과 오후 매일같이 서로 반복하는 질문과 대답이었다.

청사 신축 사업은 2007년 1월부터 약 3년간의 일정을 마무리하고 2009년 12월 3일 준공식을 가졌다. 규모는 작지만 도시관리계획 변경 및 서울시 디자인심의위원회 심의(자문) 절차 이행 등으로 인해 일반적인 관리소 신축 기간의 2-3배 정도 소요되었다. 그만큼 어려움도 많았다. 그중에서 가장 힘들었던 난제 두 가지는 청사 부지 확정과 공간적 특성을 고려한 건축이었다.

첫째로, 청사 부지 선정부터 확정까지의 과정은 사막에서 오아시스를 찾는 심정이었다. 정부는 2005년도 서울과 수도권의 공공 기관을 지방으로 이전하는 계획을 발표하고 순차적으로 실행하고 있었다. 이러한 시기에 청사를 신축해야 하는 과제를 부여받았다. 서울국유림관리소는 서울특별시, 인천광역시, 경기도 북부 위주의 지역을 관할하는 기관이다. 산림청 소관 국유림을 관리하고 있는 27개 관리소 중 하나이지만, 전 국민의 약 50%를 대상으로 산림서비스를 제공하고 있다.

품질 높은 서비스를 제공하기 위해서는 접근성이 좋은 서울에 신축해야 했다. 우여곡절 끝에 서울 성북구 상월곡동 천장산 끝자락 부지를 선정했다. 숲과 사람들이 살아가는 공간 사이에 자리 잡은 것이다. 일차적으로 부지를 선정하고 도시관리계획변경을 담당하는 성북구청 담당자에게 물었다. "청사 신축을 위해 도시관리계획변경을 하고자 하는데 먼저 어떻게 진행하면 좋을까요?" 부차적인 설명을 하기도 전에 "부지 특성상 어렵습니다"라는 답변을 들었다. 하지만 꿋꿋하게 다시 한 번 물었다. "그럼 부지 특성상 어려움은 있겠지만, 도시관리계획변경이 불가능한가요?" 그러자 "법령상 불가능하지는 않습니다"라고 했다. 나는 바로 "그럼 시작하겠습니다. 잘 부탁드립니다"라고 대답하고 전화를 끊었다.

본격적으로 사업 검토가 시작되었다. 관리소장님과 함께 청사 부지가 잘 보이는 언덕으로 올라갔다. 앞으로의 일정을 어떻게 끌고 갈지에 대해 잠시 논의를 하고 부지를 바라보았다. 나는 그 순간 기도했다. "하나님 아버지, 인간의 생각과 힘으로는 어렵습니다. 하나님의 도우심이 필요합니다. 도와

주세요." 그리고 나도 모르게 "이곳에 청사를 신축하면 준공식을 하기 전에 먼저 준공 예배를 드리겠습니다"라고 하나님 앞에 선포했다. 하나님을 의지하며 선포하고 나니 걱정과 두려움보다 확신과 담대함이 생겼다. 하나님이 이루어 가시는 과정에 대한 기대감이 생겼다. 기대하는 자는 준비하는 자다. 하나님이 준비시키신다!

갈렙이 하나님이 약속하신 땅을 바라보면서 "이 산지를 지금 내게 주소서"(수 14:12)라고 간구할 때의 마음이 이러했을까? 두려움이 없었던 것이 아니라, 두려움보다 하나님의 약속의 말씀에 대한 믿음이 더욱 컸을 것이다. 나도 그랬다. 그 이후 경험해 보지 못한 절차를 거치면서 각 분야의 사람들을 설득하는 지난한 과정을 밟았다. 결국에는 도시계획시설(공공청사) 변경결정 및 지형도면 고시가 완료되고 청사 부지가 확정되었다. 힘이 되어 준 직원들과 유관 기관 관계자, 각 분야 전문가들의 협조와 도움이 필수적이었다. 하지만 무엇보다도 앞서 행하시는 하나님의 은혜였다.

둘째로, 건축물 규모, 디자인, 공간 구성, 공사 방법 등에 있어서 서울이면서 산 끝자락이라는 공간적 특성이 적정하게 반영되어야 한다는 것이었다. 그래서 산림청 처음으로 건축 MP(Master Planner, 총괄 기획자)제도를 도입했다. MP제도는 건축 설계 단계부터 준공까지의 전 과정을 총괄 기획자와 함께 조율하고 협력하는 시스템이다. 이러한 노력에도 불구하고 건물 바닥 부지 전체에서의 암반 발생으로 예산 및 공사 기간 부족이라는 위기 상황에 부딪혔다. 상상도 못한 일이었다.

암반을 도려내는 작업은 애간장을 태웠다. 바로 앞이 주택가여서 폭파나 착암기 작업은 어려웠다. 그래서 소음 발생 최소화를 위한 유압식 드릴 방식으로 진행했다. 파고 깎고 도려내기를 아무리 반복해도 변화의 모습이 보이지 않았다. 주말과 밤낮없이 각 분야 전문가들과 최적의 대안을 찾아 나갔다. 끝나지 않을 것 같던 어두운 터널을 빠져나왔다. 드디어 많은 사람의 땀과 눈물의 결과물로 단 한 건의 민원도 없이 멋진 청사가 지어졌다.

함께했던 직원들, 성북구청과 서울시 담당자, 구의회 및 시의회 관계자, 설계·공사·감리 각 분야 전문가들, 특히 MP 역할을 열정적으로 맡아 주신 성균관대학교 김영섭 교수님께 감사드린다. 사람들은 "열심히 하니 하늘이 도왔다"고 말했다. 그러나 나는 "살아 역사하시는 나의 하나님, 나의 아버지께서 도우셨다"고 외쳤다. 그리고 하나님 앞에 선포했던 일을 했다. 준공식 하루 전날인 2009년 12월 2일 점심시간에 신청사 회의실에서 준공 예배를 드렸다. 그날 그 예배의 감격은 지금도 내 영혼의 심장을 뛰게 한다.

이후 산림청 단일 사업으로는 최대 규모인 1,760억 원의 프로젝트를 담당하게 되었다. 나의 하나님은 늘 나를 단련시키시고, 하나님의 계획은 늘 나를 설레게 한다. 그리고 하나님은 늘 내게 돕는 자를 허락하신다. 규모가 작든 크든 혼자서는 할 수 없다. 언제나 함께하는 구성원들이 있기에 가능하다. 이러한 진리를 뼈저리게 알게 된 계기가 있었다.

█ 확신과 함께 진정한 경청이 필요하다

자기 확신이 지나쳐서 주변을 살피지 못하는 경우가 있다. 2006년 8월 인사 발령을 받아 환영하는 자리에서였다. 나에게 무엇이 문제였는지를 그제야 알았다. 그 문제의 시작은 발령일 9년 전으로 거슬러 올라간다.

1997년 7월 산림청 국유림관리과(현 국유림경영과)로 발령을 받았다. 나중에 들었다. 일반직 여직원으로서 본청 발령은 내가 첫 사례여서 관심이 많았다고 한다. 발령 후 3일 차 되는 날, 부담감에 잔뜩 긴장하고 있는 나에게 선배님은 "본청이란 알아듣고 배우는 자리가 아니라 알고 알려 줘야 하는 자리다"라고 하셨다.

우리나라는 국토의 63%가 산림이다. 산림 비율이 경제협력개발기구(OECD) 국가 중 핀란드, 일본, 스웨덴에 이어 네 번째로 높은 산림 국가다. 국유림관리과는 국유림 중 산림청 소관 산림을 경영하고 관리한다. 즉 사유림을 매수해 국유림을 확대하고, 국유림을 활용해 소득을 얻도록 임야를 대부해 주기도 한다. 또한 공익적 목적으로 필요한 국유림을 매각하기도 한다. 이러한 대부와 매각을 위한 임야에 대해 용도별 적정성 여부 등을 판단하는 업무를 담당했다.

책임감을 갖고 관련 법령 및 지침을 꼼꼼히 살펴보고 국유재산관리 역사와 실제 사례를 배우고 익혔다. 각종 자료집과 도면을 분석하고 적용했다. 그리고 합리적인 근거를 바탕으로 나름의 명확한 업무 처리 기준을 정했다. 정해진 기준에 따라 업무를 객관적이고 투명하게 처리했다. 원칙에 예외는 없었다. 문제의 시작이었다.

일반론적으로 성급한 정책과 지침 결정을 빗대어 "나무만 보고 숲은 보지 못한다"라고 말한다. 반면에 전략적 측면에서는 "숲만 보고 나무는 보지 못한다"라는 말도 있다. '숲과 그 안에 있는 나무 모두를 볼 줄 알아야 균형 있는 정책을 추진할 수 있다'는 의미일 것이다. 그런데 나는 업무 처리 대상만 보고 정작 그 일을 추진하는 사람들은 보지 못했다. 당연히 바라봐야 하는 사람들인데 익숙함으로 지나친 것이다. 사람을 보지 않으니 그 사람의 목소리 또한 들리지 않았다. 객관성과 합리성을 담보한 내 판단력을 지나치게 확신했다. 그러다 보니 각각의 현장 상황과 각 기관 및 담당자들의 형편을 살피지 못했다. 개별적으로 현장의 어려움을 이야기하면 나는 변명이라고 생각했다. 그리고 예외를 두는 것은 형평성에 어긋나고 바르지 않다고 생각했다.

일선에서 민원 업무를 처리할 때 기관 또는 직원들의 상황이 굉장히 난처하고 힘든 일들이 있었던 것 같다. 왜냐하면 앞에서 언급한 환영의 자리에서 나는 모르는데 몇몇 직원들이 나를 안다고 말했다. 국유림관리과에서 근무할 때 업무 관계로 통화를 한 적이 있다고 했다. 그중 두 분은 그때 어떤 부분 때문에 힘들었다고 털어놓으면서 웃으셨다. 그런데 한 분은 힘들었다고만 하고 무엇 때문인지는 말하고 싶지 않다고 하셨다. 진짜 힘드셨던 것 같다. 나중에 어떤 계기로 짐작할 수 있었다.

현장의 의견을 최대한 반영한다고 했지만 그냥 듣기만 했던 것 같다. 경청은 아니었다. 마음속으로 참 미안하고 나를 돌아보는 계기가 되었다. 하나님 앞에 회개했다.《탈무드》에서 말하듯이, '사람에게 입이 하나, 귀가 두 개'인 이유도 경청의 중요성을 강조한다. 진정한 경청은 상대방에 대한 집중이다. 내가 아닌 상대방이 기준이다. 소통이며 공감의 표현이다. 때로는 위로요 배려다. 그리고 마침내 화목한 공동체를 세운다. "너희는 세상의 소금이니 소금이 만일 그 맛을 잃으면 무엇으로 짜게 하리요"(마 5:13).

그때부터인 것 같다. 나의 시선이 변화되었다. 나의 듣는 귀가 열렸다. 업무와 결과를 향하던 시선이 함께하는 조직 구성원들에게로 옮겨졌다. 나의 내면의 소리에 집중하던 귀가 외부의 날갯짓에 반응하게 되었다. 직원들의 마음과 형편을 진심으로 이해하고 경청할 때 놀라운 일들이 일어났다. 마찬가지로 하나님을 바라보며, 하나님의 말씀을 듣고, 하나님의 부르심에 반응하기를 원한다. 그로 인해 성령의 열매를 풍성히 맺는 삶이 되기를 소망한다.

하지만 인생은 때때로 광야와 망망한 바다와도 같다. 이와 같은 인생길에서 길을 잃지 않고 천국 소망의 꽃을 피우기 위해서는 무엇보다 길이요 빛이 되시는 예수님이 필요하다. 그것이 복음이다. 그래서 우리는 이 복음을 전해야 한다.

'새롭게 이롭게'를 꿈꾸다

'새롭게 이롭게'는 어느 광고에 나오는 문구가 아니다. 크리스천 산림 공직자의 꿈이다. 약 31년 전 공직자의 길에 첫발을 내디뎠다. 작은 서재 책장 맨 아래 칸에 공직자로서 걸어온 발자취를 담은 서른 권의 수첩이 꽂혀 있다. 쌓인 먼지를 툭툭 털어서 기억의 조각을 맞춰 보았다.

산림청 1차 소속 기관인 임업연구원(현 국립산림과학원)에 근무할 때다. 홍릉지역연합신우회는 서울 동대문구 청량리동

홍릉과학단지에 입주한 15개 교육 및 연구 기관의 연합신우회로 1994년 출범했다. 이전부터 각 기관에서 자생적으로 생긴 성경 공부 등의 모임이 있었으나 활동은 미약했다. 그 당시에는 산림청과 임업연구원이 한 울타리 내에 있었다. 1998년 8월 산림청이 정부대전청사로 이전하기 전까지는 말이다. 어찌 되었든 이즈음 나도 산림청·임업연구원 신우회에 참석했다. 적극적인 활동은 없었으나 누구나 내가 크리스천 공직자라는 사실을 알고 있었다.

1997년 5월 즈음으로 기억된다. 함께 근무하던 과장님이 암으로 투병 중이셨다. 어느 날 서무계장님이 "장영신 씨, 퇴근 후 나랑 과장님 병문안 좀 갑시다"라고 하셨다. 왜 나와 같이 가자고 하시는지 알 수가 없었으나 동행했다. 도착해서 알았다. "장영신 씨, 교회 다니지?" "네." "과장님을 위해서 기도 좀 해 줘요." 잠깐의 침묵이 흐른 뒤 나는 무어라 간구했는지도 기억나지 않을 만큼의 짧은 기도를 마쳤다.

왜 그랬을까? 왜 그 순간 복음을 전하지 못했을까? 주변 동료들은 나를 크리스천으로 바로 보고 있었다. 그런데 정작 나는 직장에서 크리스천이라는 사실을 잊고 지냈다. 나는 거저 받은 구원의 은혜를 누리고 살면서 전하지 않았다. 육신의 고통을 보면서는 슬퍼하면서도 영혼의 구원을 위해서는 울지 않았다. 하나님과 나만 아는 이 사건을 통해 나는 결심했다.

교회에서뿐만 아니라 삶의 현장에서도 크리스천이 되기를 결단했다.

약 2개월 후 승진과 동시에 본청으로 발령이 났다. 발령받고 2개월이 조금 흐른 시점이다. 1997년 10월 2일 자 수첩에 또박또박 적혀 있다.

「이러고 싶어라」

"근심하는 자 같으나 항상 기뻐하고 가난한 자 같으나 많은 사람을 부요하게 하고 아무것도 없는 자 같으나 모든 것을 가진 자로다"(고후 6:10).

이 말씀을 붙들고 연약하지만 거룩한 부담감으로 살아가고 있다. 바울은 이방 신들이 난무하던 그리스 아테네(아덴) 아레오바고 언덕에서 복음을 증거했다. 내가 서 있는 곳이 어디든 어떠한 상황이든지 우리는 예수 그리스도의 증인이다. 간절한 마음으로 주의 옷자락을 만지는 연약한 여인을 외면하지 않으신 예수님이 나의 주님이시다. 나는 '복음으로 사람을 새롭게, 세상을 이롭게'를 삶으로 살아 내는 산림 공직자가 되고 싶다.

신실하신 주님이 나의 하나님이다

대전에서 근무하다가 결혼과 동시에 신혼집이 있는 서울로 발령을 받았다. 그것도 결혼 당일이었다. 우리 하나님의 타이밍은 너무나 기막히다. 한 치의 오차도 없다. 시간이 훌쩍 지나 앞에서 잠깐 언급했던 대규모 프로젝트 사업 담당부서로 자리를 옮겨 2011년 2월부터 다시 대전본청에서 근무하게 되었다. 이후 다양한 부서에서 맡겨진 일들을 감당했다. 어느 날 누군가 물었다. "평일 야근에 주말까지 일하면 지치지 않아요? 힘들지 않아요?" 나는 "당연히 힘들고 지칩니다"라고 답하고는 웃으면서 속으로 하나님께 아뢰었다. "하지만 걱정은 없습니다. 신실하신 하나님이 나의 아버지시니까요."

산림청은 1967년 1월 신설되어 2023년 들어 56주년을 맞이했다. 2023년은 특히 국토녹화 50주년이자, 새로운 미래를 준비하는 뜻깊은 해다. 건강하고 가치 있는 산림을 통해 국민들의 삶이 나아질 수 있도록 다양한 기능에 따라 숲을 조성하고 지속 가능하게 관리하는 역할을 수행한다. 싹을 틔워 어린 나무를 심고, 잘 자라도록 생육 단계별로 가꿔 주고, 수확을 통해 일상생활 속에 숲이 스며들게 한다. 장애인과 비장애인들이 동행할 수 있는 길을 만든다. 마치 자녀를 낳아 기르고 가르치고 돌보듯이 숲을 키운다.

이러한 숲은 기후 위기 속 지구를 지켜 준다. 아이들에게는 더없이 행복한 놀이터이며, 청장년들에게는 배움터와 일터가 된다. 어르신들과 삶의 무게로 지친 사람들에게는 치유와 회복의 쉼터가 된다. 더불어 국제 교류와 남북산림협력을 통해 평화에 기여한다. 산림헌장의 첫 문장에서 언급하듯이 "숲은 생명이 숨 쉬는 삶의 터전이다." 포스트 코로나 시대에는 더욱 그러하다. 숲으로 잘사는 산림르네상스 시대를 구현하기 위한 산림청의 역할은 계속 진화하고 있다.

나는 원한다. '사람과 숲에 대한 생각을 감동으로 만들어 가는 산림 공직자, 하나님의 뜻을 구하고 순종하는 삶을 사는 산림 공직자'가 되기를 소망한다.

산림 공직자의 길을 걸어오면서 부모님은 나의 영원한 멘토이자 기도 후원자이시다. 아버지는 '하나님 우선, 말씀 순종의 삶'으로, 어머니는 '감사와 사랑'으로 믿음의 본을 보여 주셨다. 믿음의 세대 계승이 있기를 소망한다. "내가 하고 싶어도 하나님이 원하시지 않는 일이라면 절제하고, 내가 하기 싫어도 하나님이 원하시는 일이라면 한다." 이것은 우리 집 가훈이자 내 삶의 기준이다. 당신이 붙들고 있는 하나님의 약속의 말씀은 무엇인가? 그 말씀이 무엇이든지 하나님의 때에 하나님께서 이루신다. 당신이 하나님께 간구하는 산지는 어디인가? 바로 당신이 서 있는 그곳이며, 기도의 자리다.

15.
땀으로 이루어진 이상촌

"내가 진실로 진실로 너희에게 이르노니
한 알의 밀이 땅에 떨어져 죽지 아니하면
한 알 그대로 있고
죽으면 많은 열매를 맺느니라"(요 12:24).

고장렬   전 농촌진흥청

전북대학교 경제학과를 졸업하고 1961년 농림부 지역사회개발 사업 지도원으로 공직을 시작해 전라북도 농촌진흥청에서 퇴직했다. 이어 교육계로 전직하여 학교법인 혜정학원(대전 청란여자 중고등학교) 서무과장과 법인과장을 역임하였다.

농림부 공무원(지역사회개발 지도원)으로 부르심

1960년대 이후 암울한 시기를 벗어나기 위한 조국 근대화 사업의 주역 중 하나로 우리나라 공무원의 역할이 매우 컸다. 공무원으로서 국가(농촌)근대화를 위한 나의 작은 노력을 소개함으로써 하나님께서 우리나라와 우리나라 국민에게 베푸신 은혜를 상고해 보고자 한다.

일제의 혹독한 식민 정책과 광복 후의 남북 분단과 6·25전쟁의 비극으로 우리 국민, 특히 농촌의 참상은 목불인견(目不忍見, 도저히 눈 뜨고 볼 수 없는 형국)이었다. 다행히 우방국의 원조로 조국의 경제 부흥과 농촌 진흥을 위해 노심초사하던 중 1957년 6월 한미합동 경제위원회 산하 지역사회개발위원회(Community Development)가 발족하였고, 이 조직이 모태가 되어 우리나라 농촌 개발을 위한 지역사회개발사업이 태동하기에 이르렀다.

당시 우리나라의 경제 사정은 국민 소득이 78불에 지나지 않았고, 사회는 혼란하고 암울해 절량농가(絶糧農家, 식량이 떨어져 굶고 있는 농가)가 속출했으며, 빈곤의 악순환으로 해마다 보릿고개를 넘어야 했다. 이 같은 힘겨움 속에서 하늘만 바라보며 한숨짓는 모습이 1960년대 초까지 우리 농촌의 실정이었다.

내가 소년기부터 학창 시절 내내 관심을 가졌던 나라는 덴마크였다. 덴마크는 사막과 불모의 땅을 지상낙원으로 만든 선각자가 있고 자전거 타기, 노래 부르기 등 국민운동을 통해 녹색혁명을 이룩한 나라이다. 덴마크의 지도자 엔리코 달가스(Enrico Dalgas)는 기독 청년으로서 황무지에 나무 심기를 거듭한 끝에 거친 땅을 옥토로 바꾸는 데 큰 영향력을 행사한 사람이다. 일곱 살 때부터 어머니를 따라 주일학교를 다니며 시작한 신앙생활이 결정적인 계기가 되어 달가스의 업적에 관심을 갖게 되었다. 또한 대학 재학 시절에는 농촌 계몽운동에 적극 참석했다. 당시 나의 꿈은 기독교를 기반으로 한 농촌 운동이었다.

1961년 3월, 군 생활과 학업을 마치고 취업을 고민하던 차에 당시 농림부에서 지역사회개발 지도원 선발 시험이 있었다. 다행히 선발되었고, 6개월간의 강한 합숙 훈련을 통해 농촌 지역사회개발 역군으로서의 자질을 가다듬었다. 그리고 그해 12월 6일 기독교 정신으로 청운의 꿈을 가슴에 지니고 농촌 근대화의 기수로서 전라남도 곡성군 석곡면 덕흥마을 외 3개 마을을 담당하는 지역사회개발 부락지도원(Village Worker)으로 발령을 받았다. 보람과 기대 속에 젊음을 바치겠다는 다음과 같은 다짐으로 일을 시작했다.

- 믿음을 심을 수 있는 부락 순방과 인간관계
- 사회 조사를 통해 부락 현황과 부존자원 파악
- 계도의 추진을 위한 청소년(4H) 농사개량 생활개선 지역개발 등
- 부락 개발계획 수립
- 유관 기관 유대 강화

무척이나 바쁘게 살았던 그때는 아침에 자리에서 눈 뜨면 출근이고, 늦은 밤 잠들면 퇴근인 생활의 연속이었다. 또한 농촌 생활을 하다 보니 교회에 나갈 수 없는 날이 많았다. 그러나 영적으로 뒷걸음칠 수가 없어 매일같이 새벽이면 하숙집 골방에서 하루 일과를 기도로 시작했다.

처음 담당한 덕흥 부락은 곡성읍에서 20km쯤 떨어진 비산비야(非山非野, 산도 아니고 들도 아닌 땅에 조성된) 가난한 농촌이었다. 전 농가인 70호 가운데 4%가 절량농가로, 이들 농가는 장리쌀(長利쌀, 장리로 빌려주거나 장리로 갚기로 하고 꾸는 쌀)을 봄에 한 가마 빌려 먹으면 가을에 한 가마 반을 갚아야 하는 딱한 생활을 이어 가고 있었다.

제반 문화 수준도 크게 낙후되었으며, 전기도 없고, 문맹률도 높았다. 농업 경영 규모도 전국 평균 1ha에 못 미치는 평균 0.6ha로, 농업 기술 수준도 낮았다. 관계(灌漑) 불충분으로 대부분이 천수답으로 되어 있었으며, 생활 환경을 보면 화장

실과 우물이 형편없이 비위생적이고 조잡한 상황이었다.

먼저 주민들의 의식 변화 없이는 농촌이 잘살 수 없고 마을이 발전할 수도 없으니 정신 교육과 생활 교육을 실시하기로 했다. 이에 저녁이면 마을 사랑방에 불을 환히 밝히고 4H(1902년 미국에서 처음 조직된 '두뇌-head', '마음-heart', '손-hand', '건강-health'의 이념을 가진 청소년 단체), 부녀회, 농사 개량 단체 등 각급 회의를 소집해 "여러분이 잘살려면 지금 가지고 있는 생각과 정신을 뜯어고쳐 새로운 각오로 온 마을 사람이 협동해 열심히 일해야 합니다"라고 강조했다.

우리나라보다 땅이 척박한 이스라엘과 덴마크가 농업국으로서 잘살게 된 것도 국민들이 맡은 바 책임을 다해 부지런히 일해 왔기 때문이라고 여러 번 이야기하자 모든 주민이 잘 따라 주었고, 모든 일에 긍정적이고 신뢰하여 협동하는 마음으로 열심히 일하게 되었다.

당시 농촌은 오랜 기간 피해 의식 가운데 공무원에 대한 불신이 깊었음에도 우리 지역사회개발 지도원에 대한 농민들의 관심은 비교적 좋은 편이었다. 따라서 지도 활동에 있어서 나름대로 보람을 느낄 수 있었다.

농촌을 이해할수록 스며드는 불안, 공포 등으로 처음에는 정말 힘들었다. 학창의 문을 나서서 사회 경험도 쌓지 않은 채 농촌 지도를 하기엔 애로 사항이 한두 가지가 아니었다.

농촌 생활을 하다 보니 주일이 없는 생활은 물론, 독서할 시간조차 갖기 힘들었다. 또한 모든 마을 사람이 낮에는 농사일에 전념해야 하니까, 농촌의 역사는 밤에 이루어진다고 할 정도로, 교육 사업 토의 등 많은 모임을 밤에 하므로 수면이 부족했다. 게다가 계속되는 순회 교육 등까지 더해 건강을 해치기도 했다.

하지만 그럴수록 '농촌 지도!'라는 사명감으로 마음을 굳게 다졌다. 계획된 지도가 아니라 마을 실정에 맞는 지도를 해야 해서 항상 기획 창의력을 발휘해야 했다. 따라서 길을 걸을 때, 꿈속에서까지도 압박감을 안고 있었다. 농촌 개발을 생각하고 또 생각하다 보니 부락지도원이라는 위치가 미워지기도 했다.

남을 지도한다는 것이 귀하고 또 기쁜 샘을 소유하는 것이라는 점에서 긍지를 느끼면서도, 때로는 농촌 부락민과 함께 가난 때문에 울어야 하는 일도 있었다. 그래서 나는 나의 속사람이 흔들리고 약해져서는 안 된다는 생각에 하루 일과를 기도로 시작해서 기도로 끝맺었다. 또한 대인관계에서 어려운 일을 당할 때마다 선지자 요나가 받은 고통을 생각하며 하나님이 나에게도 요나에게 주신 회복의 능력을 주시기를 바라며 기도드렸다.

이룩된 개량 사업

1. 농로 확장과 촌락인 도로포장 공사

이 마을의 농업 개발이 안 되는 이유는 수리 안전답이 없고, 경지 정리가 안 되어 농로가 없으며, 특히 경지의 반은 마을 야산 서낭당 고개 너머에 있는데, 이곳으로 가는 길은 손수레 하나 못 다니는 좁은 길이었기 때문이다. 그러다 보니 모든 농산물과 농자재를 지게로 져서 날라야 하는 딱한 처지였다.

저녁에 임원들과 상의해 최소 우마차는 다닐 수 있는 넓은 길을 만들어야 한다고 설명하고 의사를 타진하고자 했다. 하지만 농로에 들어가는 땅 주인으로부터 승낙을 받는 일과 서낭당을 부수고 서낭당 고목을 베어야 하니 어렵다는 이야기가 나왔다. 확장에 따른 주변 전답 주인들로부터 양보를 구하는 것은 본인도 수혜자이니 이장, 개발 계장, 총무와 내가 순방하여 설득하고, 서낭당은 주로 할머니와 아주머니들을 이해시켜 동의를 얻어 내는 것으로 이날 총회에서 통과시켰다.

이튿날 지주들의 설득은 땅이 가장 많이 들어가는 집부터 방문해 도장을 받아 냈고, 나머지는 쉽게 승낙을 받았다. 서낭당은 도장 받을 것은 없고 구두로 통보, 이해시키는 데서 끝냈다. 농로를 확장할 총 길이를 재어 보니 750m였고, 폭은 세 개가 적당하다고 하여 기존 도로를 중심으로 줄을 띄워

길 낼 데를 표시했다.

　이틀 후 작업이 착수됐다. 직장에 다니는 두 집 외에는 집 집마다 한 사람씩 일할 도구를 가지고 나왔다. 흙을 파고 깎고 운반하는 일이 어려웠다. 서낭당 공사는 젊은 사람들이 갔는데 누구도 먼저 나무를 베거나 돌무더기를 헤치려 들지 않았다. 내가 도끼를 들고 우상을 제거한다는 마음(큰 용사 기드온의 마음)으로 나무를 찍기 시작하자 하나님의 도우심인지 그제야 마을 주민들이 모두 나무를 베고 돌무더기를 무너뜨렸다.

　처음에는 나도 섬찟했지만 기독교 신앙으로 극복할 수 있었다. 결과적으로 일은 일사천리로 진행되어 시작한 지 7일 만에 완성됐다. 처음에 반대하던 사람들도 완성된 넓은 새 길을 보고는 참 잘했다는 칭찬까지 하니 섬찟한 기분을 이겨 내고 이 길을 만드는 일을 시작하게 하신 하나님의 은혜를 만끽하면서 흐뭇한 보람을 느꼈다. 지금도 생각해 보면 나의 작은 용기가 농촌 근대화를 위한 하나님의 큰 은혜임을 새삼 깨닫게 된다. 이제 지게를 져서 나르던 농산물과 농자재를 우마차로 실어 오게 됐으니 이 얼마나 기쁜 일인가! 신이 났다.

　부락인 일부에서는 내친김에 이 기회에 촌락 안길 좁은 곳도 넓히자는 제안이 들어왔고, 다들 좋은 생각이라고 동의했다. 그다음 날 마을 안길도 작업을 시작했다. 좀 복잡하고 어려웠던 일은 집과 집 사이가 좁아서 손수레 하나도 통과하지 못하는 길이 여러 곳 있었던 것이었다. 이런 곳은 폭 두 자 반 (약 75cm)이나 되는 두꺼운 담을 헐고 나무를 심어 울타리로 삼았다. 4일간 작업 후 마을 안길이 넓고 깔끔히 정비되어 집집마다 우마차가 들어갈 수 있도록 뚫린 것을 보고 다들 시원하다고 했다.

2. 마을 회관 건립

연속되는 교육과 수시로 개최되는 크고 작은 회의를 개발 계장 댁 사랑방이나 나의 하숙방에서 시행하니 너무 불편했다. 아무리 어려워도 마을 회관을 지을 궁리를 하자고 제안하고 간부들을 설득했다. 하지만 땅도 없고, 돈도 없고, 자재도 없는데 어떻게 회관을 짓느냐는 반문이 나왔다.

개발 계장과 타협하니 동리 앞 150평 텃밭을 내놓고 일부 목재는 자기네 뒷산에서 베어다 쓰라고 했다. 정말 눈물 나게 고마웠다. 즉시 임원회를 열고 대책을 협의했다. 규모는 25평, 흙벽돌 초가집으로 하자고 제안했다. 기초 공사에 드는 시멘트, 유리창과 현관문을 짜는 데 돈이 필요했다. 그래서 한 집에 쌀 두 말씩 걷기로 하고 모든 내용을 총회에 부쳐 통과시켰다. 회관 지붕을 초가지붕으로 하면 보기 좋지 않으니 기와로 올리기로 하고 이에 드는 금액은 내가 직접 나서서 관계 기관과 지역 군수로부터 지원받아 충당하기로 했다.

공사가 시작되었다. 기초를 파고, 흙벽돌을 찍고, 산에서 서까래로 쓸 나무를 베어다 다듬어 말리는 등 부산하게 움직였다. 마을에 미장공과 목수가 있어 이 분야도 남의 손을 빌릴 일이 없었다. 일은 순조롭게 진행되었다. 시작한 지 한 달 만에 기와가 올라가고, 벽을 시멘트로 바르고, 바닥도 콘크리트로 하니 훌륭한 마을 회관이 완성되었다. 마을 회관에는 8평짜리 방을 들이고 방송실, 부녀작업실, 아동실, 도서실 등을 완비했는데, 이곳에 비치된 재봉틀, 편물기, 문고 등은 누구나 필요에 따라 이용할 수 있었다.

3. 전기 인입과 정미 공장 설치

전기 인입과 정미 공장 설치 사업은 보조 사업으로 이루어졌다. 기존 물방앗간의 배수로를 확장해 수도관을 묻어 암거 공사를 완성함으로 배수로를 따라 5㎾의 수력발전소가 설치되었고, 정미 공장도 만들어졌으며, 마을 회관 앞까지 전기가 들어오게 되었다. 이 모든 개량 사업은 비용의 반은 국고 보조를 얻고, 나머지 노력 동원은 마을 전체가 발 벗고 나서서 진행되었다. 배수로와 발전소 등을 지을 때 마을 사람 모두가 배수관을 만들고 땅을 파고 다지는 등 총동원되었다.

마을 회관에 전기가 들어오던 날 밤, 마을 사람 모두가 회관 마당에 모여 환하게 비치는 전깃불을 바라보며 환호성을 지르는 모습을 보고 내 마음 역시 얼마나 기쁘고 흐뭇했는지 모른다.

4. 향상된 생활

젊은 나이에 첫 공직 생활로 덕흥 부락이라는 낯선 지역에서 16개월이라는 짧은 기간 동안 누구의 지시도, 간섭도 받지 않으며 열정적으로 일했다. 비록 사사건건 고민도 많았으나, 그동안 나의 열정과 주민들의 꾸준한 노력으로 절량농가가 반으로 줄어들고, 농가의 반 이상이 농우(農牛)를 가졌다. 변소 개량으로 환경이 개선되고, 배수로 공사로 천수답이 없어지고, 농로 개설로 지게로 운반하던 농산물과 농자재를 우마차로 운반하게 되었으며, 우물 개량으로 식수가 위생적으로 보급되었다. 특히 소규모의 수력 발전으로 앞으로 부락 전체가 사용할 수 있는 전기 인입 공사를 성공리에 끝냈으며, 마을 회관을 건립하는 등 바야흐로 지역사회개발 시범 부락으로서의 면모를 갖추게 되었다.

지역사회개발 사업은 물질적 또는 가시적인 것도 중요하지만, 그보다 더 중요한 것이 정신계발이라고 생각했다. 즉 해야 할 일을 하겠다는 마음을 갖고 실행에 옮겨야 하는데, 여러 가지 이유로 못하고 있는 사람에게 그 일을 하겠다는 마음을 갖게 하는 것이 앞서야 하며, 그 마음을 갖고 실행하는 촉진제 역할을 지도원이나 행정조직에서 근무하는 모든 공직자가 해야 하는 일이 아닌가 생각했다.

5. 하나님의 은혜를 통절하게 느낀 교량 공사

자조사업으로 농로 확장 공사를 마치고 나니 도로 중간에 소하천이 있어 소형차의 왕래를 위해서는 교량 공사가 절실했다. 그래서 교량 사업용 시멘트와 철근은 국고 보조로 지원받아 확보했고, 교량 공사에 필요한 인력은 마을 사람 전체가 노력 봉사를 하기로 하고 본 사업을 착수했다. 나는 이 시기에도 매일같이 새벽이면 하숙집 골방에서 기도로 하루를 시작했다.

공사 시작부터 직접 현장 감독을 해 왔는데, 어느 날 중앙에서 회의가 있어 1박 2일간 회의에 참석하고 돌아와 보니 가장 중요한 부분인 교각 공사를 설계대로 하지 않고 부실 공사로 진행되고 있었다. 절약한 시멘트를 주민들 가정의 장독대, 부엌, 부뚜막 고치는 데 전용한 것이다. 교량 공사에 든 자재를 국고에서 보조해 주었기 때문에 중앙 감사를 받게 되었고, 부실 공사가 확인되어 담당자인 내가 공사 감독 소홀로 중징계를 받게 되었다.

이때 마을 주민들이 한마음이 되어 "담당 지도원은 잘못이 없다. 우리 마을을 잘살게 하려고 오신 분인데 희생되어서는 안 된다"며 자발적으로 진정서를 제출했고, 나의 평소의 노력 등이 반영되어 징계를 받지 않게 되었다. 사심 없이 최선을 다해 노력했더니 좋은 사업 결과도 얻고, 감독상의 과실 논쟁에도 불구하고 징계를 받지 않게 된 것이다. 이 모든 것이 하나님의 은혜라는 것을 수십 년이 지난 지금도 통절하게 느끼면서 하나님께 감사드린다.

농촌 근대화를 위한 한 알의 밀알

지역사회개발 사업은 5·16 이후 정부조직법 개편에 따라 농림부 산하 농촌진흥청 소관이 되었다. 시군 단위에 농사교도소와 지역사회개발 지도사업이 병합된 농촌지도소(현 농업기술센터)가 발족했기에 나는 농어촌지도소장의 직을 마지막으로 교육계로 전직하게 되었다. 교육계로 와서도 농촌 지역 사회 개발에 바쳤던 젊음과 온갖 힘을 기울였던 정열이 밑거름되어 우리나라 교육 행정에 일익을 담당하는 데 손색이 없었다고 생각한다.

당시 헐벗고 배고픈 삶도 불평 없이 묵묵히 참으며 황소같이 끈질기게 일하던 주민들의 모습에서 살아가는 지혜를 배웠으며, 그분들과 이러한 기회를 갖도록 허락하신 하나님께 감사드린다. 나는 오직 농촌 근대화를 위해 한 알의 밀알이 되고자 하는 성경의 정신으로 일해 왔다. "내가 진실로 진실로 너희에게 이르노니 한 알의 밀이 땅에 떨어져 죽지 아니하면 한 알 그대로 있고 죽으면 많은 열매를 맺느니라"(요 12:24).

'하나님은 스스로 돕는 자를 도우신다'라는 천조자조(天助自助) 정신과 퇴계 이황 선생이 즐겨 쓰시던 무괴아심(無愧我心), 즉 '나의 마음가짐에 부끄러움이 없다'는 말과 같이, 이제 길지 않은 인생의 노을을 하나님께 부끄럼 없이 살아가기를 다짐하면서 이 글을 마친다.

16

고난을 통해서도 일하시는 하나님의 퍼즐

"사람이 감당할 시험밖에는
너희가 당한 것이 없나니 오직 하나님은 미쁘사
너희가 감당하지 못할 시험 당함을 허락하지 아니하시고
시험 당할 즈음에 또한 피할 길을 내사
너희로 능히 감당하게 하시느니라"(고전 10:13).

박상덕

**전 대전세관장
현 세인관세법인 관세사**

호남대학교 행정학과를 졸업한 후 고려대학교 행정대학원 경제학 석사 학위를 받았다. 관세청 부산세관 9급에 임용되어 39년 재직 중 13개 일선 세관과 '93대전EXPO 파견, 12년간 본청 근무, 관세청 공무원직장협의회장, 전주·동해·대전세관장으로 일했다. 2017년 6월 말 퇴직(부이사관) 후 세인관세법인에 재취업하여 관세포상심사위원, 보세사자격시험위원, 한국무역협회 전문상담위원 등으로 활동하고 있다. 기재부장관 및 국무총리, 대통령 표창과 홍조근정훈장을 수상했다.

우연히 시작한 관세 공무원

세상을 살아가다 보면 많은 만남과 선택이 있다. 그 만남과 선택에 따라 인생이 좌우된다고 생각한다. 자식과 부모의 만남, 훌륭한 스승과의 만남, 배우자와의 만남 그리고 어떤 가치관을 갖고 살아갈 것인가를 고민해야 하는 종교적 만남과 선택이 있을 것이다. 나에게 신실한 믿음의 배우자와의 만남은 삶의 가치를 기독교 신앙의 바탕에 굳건히 세우며 좋은 생활 습관을 갖도록 변화시켜 주었으니 내 인생의 축복이 되었다.

1977년 4월 총무처 시행 국가행정직 5급 을류(현재 9급) 시험에 응시하여 합격했다. 이듬해 6월 부산세관 발령 통지를 받고 학업과 취업의 갈등 속에 지방 국립대학을 자퇴하고, 낯선 부산 생활을 택했다. "관세 공무원은 나라의 관문(關門)을 오가는 사람과 물품을 처음 접하는 준외교관과 같으니 자긍심을 갖고 품행을 바르게 해야 한다. 외국어와 상품에 대한 지식을 쌓아야 살아남는다"라는 세관장님의 환영사가 공직 생활 내내 각인되었다. 말단 계급장이었지만 처음 입어 본 관복과 모자는 품위 있고 멋져 보였다.

1970-1980년대에는 국내 산업 보호를 위한 수출입 제한 품목과 고관세율 정책을 시행하고 있었다. 정부는 국산품 애

용을 권장했지만, 일부 계층의 외제품 수요에 따라 미군 부대 PX나 외항 승무원들과 보따리상을 통한 밀수가 잦았다. 서류 작성을 펜으로 쓰거나 타자를 사용하던 때였는데, 발령지마다 나에게 인사와 서무, 감사 업무를 주로 맡겨 주었다. 각종 행사를 주관하고 회의 자료 작성과 업무 계획을 수립·기획하면서 관세 행정의 방향을 넓고 빠르게 파악할 수 있다는 강점이 오랜 공직 생활에 큰 도움이 된 것 같다.

고난을 통해 생명의 주관자이신 하나님의 퍼즐을 체험하다

나의 삶 속에 큰 전환점이 되었던 고난의 세 가지 사건이 있다. 아내의 복막염과 나의 교통사고와 퇴직 일주일을 앞두고 구안와사(안면 근육마비)가 발병한 일이다. 이를 통해 의술의 한계와 고난 중에서도 감사함을 깨닫게 되었고 건강 관리의 소중함과 전도의 은혜를 체험했다.

첫 번째 사건은 광주본부세관 감사관실에서 근무할 때였다. 감사·감찰 활동으로 출장이 잦았다. 결혼 5년째 두 아이를 돌보던 아내는 복통을 앓다가 대학병원을 찾았는데, 의사의 오진 탓에 보름 후 복막염으로 악화됐다. 밤새 고열과 오한으로 떨던 아내는 초음파 검사 결과 즉시 수술을 받아야 한다고 했다. 근처 외과에서 수술을 받았는데, 수술 도중 의사가 장 유착으로 인한 파열을 우려하며 맹장(충수 돌기)을 찾지 못한 채 1년 이내 재수술 가능성과 천 명 중 두세 명은 완치될 수 있음을 알려 주며 수술을 마감하니 참으로 황당했다.

나는 고통스러워하는 아내를 제발 살려 달라고 하나님께 간절히 기도했다. 당시 과장님이 서울 모 교회 장로님이셨는데, 병문안 중 "고난이 유익이다", "시작은 미약하나 나중은 창대하다" 등 성경 구절을 적은 A4용지를 전해 주시며, "하나님이 너희 가족을 사랑하시기 때문이다. 하나님의 뜻이 있을 것이다"라며 위로와 기도를 해 주셨다.

일주일이 지나도 퇴원을 하지 않아 아내는 수술이 잘못됐음을 눈치채고서 나에게 물었다. 내가 재수술 가능성을 말하자 한동안 울던 아내가 "당신이 교회를 잘 다닌다면 이런 수술 몇 번이라도 받을 수 있다"고 한 말에 나는 바로 그렇게 하겠다고 약속했다. 3주간의 병원 생활을 마치고 성탄절 이틀 전에 퇴원했다. "항상 기뻐하라 쉬지 말고 기도하라 범사에 감사하라 이것이 그리스도 예수 안에서 너희를 향하신 하나님의 뜻이니라"(살전 5:16-18)를 가훈으로 정하고, 1991년 부활절에 세례를 받은 후 예배를 삶의 최우선 순위로 지켜 오고 있다. 조바심 속에 복부 통증을 관찰했는데, 생명의 주관자이신 하나님이 지금까지 재수술 없이 아내의 건강을 지켜 주셨다.

두 번째로는 김포세관 근무 시절 동료의 승용차 뒷좌석에 앉아 귀가하던 중 자유로의 가드레일에 충돌하는 사고를 당했다. 왼쪽 어깨가 운전석 의자에 부딪혀 탈골과 골절상으로 수술 후 4주간의 깁스와 재활 치료를 받아야 했다. 정형외과 병동의 중환자들을 보며 나는 식사와 거동이 자유롭다는 사실에 감사했다. 1년 후 철심 제거술을 받고 입원 중에 조창인 씨의 소설 《가시고기》(밝은세상)를 읽었다. "그대가 헛되이 보낸 오늘은 어제 죽어 간 이가 그토록 살고 싶어 한 내일이다"라는 글귀를 통해 한 가정의 가장으로서 역할과 하루하루 삶의 소중함을 절실히 깨닫게 되었다.

세 번째 사건은 퇴직을 앞두고 공직의 울타리를 벗어난다는 두려움과 과도한 체력 소모로 구안와사 진단을 받은 것이었다. 초여름의 무더위에 후배들과 새벽, 점심시간마다 테니스를 즐기던 중 발병했다. 발병 초기, 병세가 계속 진행되어 퇴임식 당일에는 입술이 우측으로 약 45도 비틀어져 가족을 비롯한 참석자들이 모두 놀라며 안타까워했다. 신경과 병원에서 한 달 가까이 치료받아 완치되었고, 나를 치료하던 젊은 의사가 스스로 교회를 소개해 달라고 물어 와 그해 11월 교회 새 생명 축제 행사에 초청해 전도하게 되었다.

본청 근무, 더 큰 꿈을 펼치다

관세청은 기획재정부 산하 독립된 기관으로 국가 재정에 필요한 관세 등을 부과·징수해 전체 국세의 약 18%(21년도 62조 2천억 원)를 담당하며, 국제공항만을 왕래하는 사람과 물품의 통관과 총포·도검류 및 마약류 등 불법 반입을 차단하는 업무를 수행한다. 본청과 인재개발원, 중앙분석소, 평가분류원과 일선 세관 등 50여 개 조직에 5,500여 명이 종사하고 있다. 내가 임용된 1970년대 후반보다 인력은 2배가량 증가했지만, 수출입 물량과 해외여행자 수는 수백 배 이상 증가했고 업무 기능도 다양해졌다.

관세청은 한정된 인력으로 급증하는 업무를 효율적으로 처리하기 위해 전산화를 통한 업무 혁신을 꾸준히 추진해 왔다. 그중 하나가 PC가 보급되던 1980년대 후반 직원 자질 향상을 위한 자체 교육과 전문 자격증 제도였는데, 미취득자는 인사상 불이익을 주었다. 나는 남보다 선제적으로 취득하려는 각오로 공부해 외국어, 전산처리, 상품학, 상업부기 등 관련 자격증을 1년 내 모두 취득했다. 하나님이 주신 열정과 은혜의 결과였다. 당시 본부세관장은 나를 본보기로 직원들의 자격증 취득을 독려했고 자격증을 3개 이상 취득하면 기념패를 수여했는데, 그 일이 계기가 되어 훗날 대전EXPO 파견 및 본청 지원에 큰 도움이 됐다. 관세청은 정부 기관 지방 이전계획에 따라 1998년 8월 강남구 논현동에서 대전으로 옮겼고, 우리 가족도 그해 10월 대전 새로남교회에 출석하게 되었다.

관세 공무원은 일선 세관의 민원 처리가 주를 이룬다. 본청에서는 전 직원의 약 7%가 근무한다. 본청에 근무하는 동안 정보관리관실 국(局) 서무, 신공항대책반(T/F팀), 국경감시과에서 도라산과 고성 남북출입국 통관장 설치와 2002한일 월드컵을 대비한 공항만 대테러 대책 업무 등 실무를 담당했다.

당시 주경야독으로 대학원에서 국제통상정책을 전공했는데, 관세청이 2000년 밀레니엄을 맞아 개최한 "관세행정 발전 방향 대학원생 논문 공모"에 우수 논문으로 채택돼 이듬해 1월 국제관세의 날, 수상의 기쁨을 누렸다. 바쁜 일과에도 수요 점심시간 신우회 예배는 꼭 참여해 내면의 위로와 지혜를 구하였다. 업무상 지방 출장과 해외 연수가 많았지만, 제자·사역 훈련도 잘 감당하며 크리스천의 정체성을 잃지 않았다.

2006년 사무관 시절 본청 심사정책과 근무 시에는 UR(우루과이 농산물 무역협상) 후 수입자유화에 따른 농민 시위가 끊이지 않을 때였다. 정부는 농산물가격안정기금 조성을 위해 품목별 높은 관세율을 부과했는데, 수입업자들은 가격을 저가로 조작해 관세를 포탈하거나 위장 수입을 하려다 적발되는 사례가 많았다. 이를 개선하기 위해 논의 끝에 관세에 상당하는 품목별 담보기준가격을 정해 성실 신고를 유도하는 '농수산물 저가신고 경보시스템'을 연구 용역해 시스템을 구축했다. 그 결과 수천억 원의 관세를 증수하고 시스템을 직무 발명 특허등록하며 핵심가치상을 수상했다.

2011년 본청 수출입물류과에 세 번째 전입되어 보세판매장(면세점) 업무 등을 담당했는데, 당시 언론은 특정 업체(L, S사)의 독과점을 지적했고, 헌법의 경제 민주화와 지역균형발전의 명분으로 의원 입법한 관세법 개정을 관철시켰다. 그 과정에서 국회와 언론 대응, 업계 공청회 등을 거쳐 중소·중견 기업에 공항 출국장과 광역지자체에도 시내 면세점을 신규로 설치했지만, 대부분 매출 부진으로 몇 년을 못 버티고 자진 폐쇄해 아쉬움이 컸다. 나의 공직 생활 중 가장 힘든 시기였는데, 3년의 노고를 하나님은 승진으로 위로받게 해 주셨다.

직장협의회 설립과 회장으로
직원 권익 보호에 앞장서 일하다

문민정부 시절인 1996년 우리나라가 OECD에 가입되면서 공무원 조직의 노동조합 활동이 법률로 보장되었다. 여러 부처에서 노조와 직장협의회를 자율적으로 창설할 즈음 관세청은 2000년 11월 직장협의회를 창설했다. 업무를 겸

임해야 했으며 회장으로 앞장서는 것을 모두 꺼리던 중 몇몇 후배들이 나를 적임자라며 추대했다.

망설임 속에 새벽기도 중에 담임목사님의 설교 말씀이 번뜩 스쳤다. "세상을 변화시키는 것은 깨어 있는 소수의 리더들이다", "어떤 상황이 닥칠 때 당신은 정면 돌파하는 도전자와 방관자, 도망자 중 어느 편에 설 것인가?", "위기가 기회이며 축복이다"라는 말씀이었다. 생각을 바꾸니 마음이 가벼웠다. 함께 일할 임원들을 찾아 설득해 선임했고, 전 직원 대상 설문 조사를 실시했다. 조사 결과, 가장 큰 관심사는 승진 적체를 해소하는 문제였다. 이를 위해 각 중앙 부처의 직급별 인원 비율을 비교한 결과, 관세청은 실무 하위직 위주의 피라미드형이고, 업무 형태가 유사한 국세청 등 중앙 행정기관은 5, 6급 중심의 항아리형이었다. 청장과 협의 시 통계 자료를 제시하며 8, 9급을 줄여 5, 6급 정원 확대를 건의한 결과 수용됐고, 곧바로 대폭 승진으로 조직의 활력과 오랜 과제를 해결했다.

그 밖에 재직 중 사망 직원의 유가족을 돕기 위해 급여의 0.5%를 원천징수해 전달하는 '관우사랑 0.5제도'를 정착시켰다. '어린이날 엄마·아빠 직장 이해하기 행사'로 자녀들이 부산항과 인천국제공항을 견학하게 했고, '불필요한 야근 자제 및 수요 가정의 날' 준수를 독려하고, 〈세관사랑 관우사랑〉(협의회 회지) 창간, '칭찬합시다, 이달의 인물'과 '함께 근무하고 싶은 관리자' 선발을 매년 실시했다.

초창기 3년간의 직장협의회 활동의 기틀을 마련하면서 기관장과 상호 존중과 배려하며 조직 문화 개선과 직원 권익 보호를 위해 솔선했다. 그 결과 중앙 부처 내에서 우수 사례가 회자되어 타 부처에서 벤치마킹했으며, 제16대 노무현 대통령 취임식(2003. 2. 25) 행사에 직원 대표로 초청받았고, 그해 7월 대통령의 정부대전청사 방문 시 간담회와 오찬을 함께했다.

때에 맞는 지혜와 담대한 용기로
문제 해결의 은혜를 주신 하나님(세 곳의 청사 신축에 참여)

인천국제공항 개항을 앞둔 2000년 1월 초 본청 차장 직속의 신공항대책반에 차출됐다. 서기관을 단장으로 6명이 개항 준비와 김포세관 이전 업무를 전담했다. 인천국제공항 건설은 도심 속 김포국제공항의 소음과 포화 상태로 영종도로 결정돼 1992년 11월부터 인천 영종도와 용유도 사이 간석지와 염전을 메워 공항 부지를 조성하는 국책 사업이다. 연육교가 개통 전이라 월미도 선착장에서 차를 배에 싣고 구읍나루에서 내려 비포장도로로 가야 했다. 공항 공사 주재 아래 각 입주 기관들과 분야별 시공 업체의 사무실 위치와 면적, 장비의 적정한 배치를 위해 회의가 수시로 열렸고, 대전에서 새벽 일찍 출발해야 했다.

또한 대책반은 화물터미널 부지에 지하 1층, 지상 4층의 수출입통관청사의 신축을 관리하는 일을 맡았다. 공항 이전으로 인한 업무 공백이 한시도 없어야 하므로 직원들이 쉽게 적응할 매뉴얼과 인쇄물을 만들기로 제안했다. 층별 사무실 위치, 전화번호, 대중교통 노선을 안내하고, 뒷면에 공항 고속도로와 경인 지역 지도를 인쇄하기로 했다. 그 과정에서 여객 터미널의 조감도가 필요했다. 고민 끝에 설계 사무소를 찾아 설명했으나 보안 시설로 유출은 어렵다고 했다. 나의 공무원증을 복사해 다른 목적으로는 절대 사용하지 않겠다는 서약서와 함께 제출하고서 설계도를 파일로 받으니 정말 뿌듯했다. 하나님이 지혜와 용기를 주신 것이다. 며칠간의 밤샘작업 끝에 〈인천공항세관을 열며〉라는 96쪽짜리 인천국제공항 적응 안내서 1천 권을 발간해 전 직원이 유익하게 활용할 수 있었다.

2005년 1월 광양세관 서무계장으로 전보되니 제철소 인근 낙후된 청사에서 광양시청 근처의 신축 부지 터 파기 공사가 진행되고 있었다. 신축 부지는 2번 국도 변 가파른 경사의 언덕 정점에 위치한 직사각형 부지 하단에 옹벽을 높게 쌓고 토사로 메운 평면 공간에 청사와 부속 건물이 건축되도록 설계되어 있었다.

청사 우측에 위치한 모 기관에서 흙더미가 울타리를 넘어 들어오니 이를 방지해 달라는 민원서류가 접수됐다. 직접 방문해 설명을 듣고 현장을 확인하니 문제가 있었다. 지형상 세관청사보다 낮아 평평하게 흙을 쌓을 경우 조망권이 침해되는 불만이 있었다. 즉시 세관장께 보고하고 함께 현장을 살펴본 후 성토 작업을 중단하고, 기존 지형을 활용해 상단에 청사를 두고 주차장과 부대시설은 아래쪽에 두는 3단으로 설계 변경을 제안했다. 그 결과 덤프트럭 20여 대분의 토사 반입을 중지하고 옹벽을 낮춤으로써 예산 절감과 공기를 단축시키는 효과를 가져왔다.

2009년 7월 초 전주세관장에 부임했는데, 약 한 달 뒤 기획재정부로부터 "정부 비축 토지 관리 전환 수요 조사" 공문을 접수받고 현장을 확인했다. 효자동 서부 신시가지 내 2필지 1,265평(장부가 58억 원)으로 인근에 전북 도청과 지방경찰청 등이 신축되고, 직원들의 출퇴근이 용이한 최적지로 판단되었다. 보고서를 작성해 관세청과 기획재정부를 방문해 설명하고, 3개 기관이 경합된 조달청의 현장 실사에서 세관청사 신축의 시급함을 인정받았다. 그 결과 청사 부지를 무상 관리 전환 받아 이듬해 설계 입찰과 기공식 후, 재임 동안에 상량식까지 마무리했다. 세 곳 청사에는 나의 공직 생활 중 땀과 열정이 담겨 있다. 직원들이 기피하는 생소하고 힘든 업무였지만, 하나님께서 때에 맞는 지혜와 용기를 주셔서 슬기롭게 대처한 결과 합력하여 선을 이루게 하셨다.

믿는 자의 축복,
모든 것에 하나님이 함께해 주셨다

세상은 넓고 할 일이 많다고 한다. "우물을 파도 한 우물을 파라"라는 우리 속담도 있다. 둥지를 자주 바꾸는 새는 깃털이 많이 빠지고, 깃털 빠진 새는 하늘을 멀리 날지 못한다. 무슨 일을 하든지 자신이 즐겁고 성취감과 보람을 느끼는 가운데 행복해야 한다. 한곳에서 평생을 바치면서 행복할 수 있다면 인생의 절반은 성공이 아닐까? 나머지 절반은 스스로 실력을 연마하는 것과 주변 사람과의 관계에서 결정된다고 본다.

성공한 공직자는 선배들의 사랑과 동료들의 신뢰 속에 후배들로부터 존경받는 사람이라고 생각한다. 성경 속 동족에게 비난받던 나쁜 세리(稅吏)처럼 되지 않기 위해 치열하게 살아왔다. '확실한 사람이다, 진국 사무관이다'라는 상사들의 격려는 위로와 힘이 되기도 했다. 나에게는 관세 공무원으로서 꿈이 있었다. 남북이 통일되면 한반도와 중국 대륙을 잇는 신의주세관장이 되는 것이었다. 비록 그 꿈은 실현되지 못했지만 세 곳의 세관장을 경험하였고, 돌이켜 보니 부족한 나에게 하나님은 하나님의 때와 방법으로 열매를 맺게 하셔서 오랜 공직 생활을 잘 마무리할 수 있도록 인도해 주셨다.

퇴직 후 구안와사 치료와 5개월의 휴식 뒤에 관세사로 재취업했다. 매출 규모 동종 업계 선두의 관세법인에서 대전지사 설립을 물색 중에 사무실을 마련해 주었다. 하나님의 놀라운 퍼즐이었다. 업무 시작 전에 기도로 당일 처리할 일과 만날 사람들을 생각하며, 성령님의 지혜와 능력을 구하고 있다. 어디를 가든 책상 위에 가족사진과 좋아하는 성경 구절을 적어 놓고 묵상한다. 가족은 가장의 책임과 존재 이유가 되기 때문이다. 또한 건강한 교회공동체에서 받은 훈련과 은혜로운 말씀이 나의 연약한 부분들을 다듬고 삶의 우선순위를 지키며 생활 신앙인으로 살아가게 한다.

사랑하는 아내는 나를 믿고 늘 기도하고, 자녀들은 믿음 안에서 잘 성장해 아들은 보건연구직 공무원으로 공직을 이었고, 간호사인 딸은 목회자의 아내가 되어 우리 가정이 3대째 신앙을 계승하고 있으니, 모든 것이 하나님의 은혜이며 감사할 따름이다.

오직 하나님께 영광을!(Soli Deo Gloria!)

17.

이 모든 것이 은혜입니다

"내가 그리스도와 함께 십자가에 못 박혔나니
그런즉 이제는 내가 사는 것이 아니요 오직 내 안에
그리스도께서 사시는 것이라 이제 내가 육체 가운데
사는 것은 나를 사랑하사 나를 위하여 자기 자신을 버리신
하나님의 아들을 믿는 믿음 안에서 사는 것이라"(갈 2:20).

윤주봉

전 부산지방병무청장

전남대학교를 중퇴하고, 1986년 공무원으로 임용된 후 공직 생활을 시작했다. 2018년 병무청 중앙신체검사소장, 2019년 대전지방병무청 병역판정관, 2020년 병무민원상담소장을 거쳐 2020년 부이사관으로 승진했고, 2021년 고위 공무원으로 승진, 2021년 부산지방병무청장을 마지막으로 2022년 6월 30일 정년퇴직했다.

주님과의 첫 만남!

나는 믿지 않는 가정에서 태어나 지방의 중소도시에서 살았기에 주변에 수많은 교회가 있었으나 성인이 될 때까지 단 한 명도 나에게 교회에 가자고 이야기하는 사람이 없었다. 군에 입대하면서 너무 외롭고 힘들어서 하나님을 믿고 싶다는 강한 마음이 생겼고, 최전방 철책 부대에 근무하면서 매 주일 군부대 교회를 다니게 되었으며, 군부대 교회에서 진중 세례식을 통해 하나님을 구원의 주로 고백하게 되었다. 그러나 성경 말씀에 대해 아는 바가 전혀 없어 그저 왔다 갔다하며 마음의 위로를 받는 수준이었다. 그러다 군 생활을 마치고 무사히 전역했다.

군대 전역 이후 경제적으로 어려워 학업과 취업이라는 두 갈래 길에서 진로를 고민하던 중 친구의 권면으로 공무원의 길로 방향을 정하게 되었다. 그러나 공직 생활의 첫 출발은 참으로 낯설고 어려웠다. 연고도, 지인도 한 명 없는 강원도 춘천에서의 공직 생활이었기 때문이다. 그렇지만 춘천에서 객지 생활의 어려움과 외로움을 이겨 내면서 신앙생활에 대한 뜨거운 열망을 가지고 지역의 교회에서 매 주일 예배를 드리며 하나님께 세 가지 약속을 드렸다. 첫째, 주일 성수, 둘째, 십일조 생활, 셋째, 직장 선교 사명이었다.

그렇지만 교회를 다니면서도 하나님의 말씀에 대한 갈급함과 성경 공부를 통해 하나님의 말씀을 알고 싶다는 열망이 마음속에 가득했다. 1988년 결혼하면서 아내가 예전부터 알고 지내던 목사님의 교회에서 부부가 함께 신앙생활의 첫걸음을 디디면서 성경 말씀을 구체적으로 배우고 하나님과 예수님에 대해 알아 가면서 구원의 확신을 갖게 되었다.

▌직장 선교사!

수도 서울에서 병무청 생활을 시작하며 병무 행정을 수행했다. 춘천에서 공직 생활을 하다가 서울 지역으로 전보 발령받아 새롭게 직장 선교의 사명감과 열정으로 뜨거워졌다. "그러므로 너희는 가서 모든 민족을 제자로 삼아 아버지와 아들과 성령의 이름으로 세례를 베풀고 내가 너희에게 분부한 모든 것을 가르쳐 지키게 하라"라는 마태복음 28장 19-20절 말씀을 통해 직장 선교에 대한 비전을 갖게 되었다. 나는 직장 선교에 대한 비전과 소명 의식을 가지고 기도함으로 나아갔다. 직장 안에서 믿음의 동료들과 매주 한 번씩 점심시간에 모여 예배를 드리며 인근 교회 목사님을 초빙해 말씀을 듣고 기도하는 시간을 가졌다. 또한 직장 안에서 믿지 않는 동료들을 만나 수시로 권면하고 기도하며 전도했다.

서울병무청에서 내가 맡은 업무는 생계유지 곤란사유 병역감면 업무(병역 의무자 가정의 생계가 어려운 경우 병역을 감면해 주는 제도)였다. 그때 당시는 IMF가 터져 서울 지역에 가정 형편이 어려운 병역 의무자가 너무 많아 생계유지 곤란사유 병역감면 서류가 하루 평균 10건씩(당시 평소 1건 정도) 들어와서 매일 밤 10시까지 야근하며 업무를 처리했다.

생계유지 곤란사유 병역감면 업무를 담당하면서 가장 기억에 남았던 사례는 서울 지역에서 가장 가난한 사람들이 많이 살던 강북 지역의 영구 임대 아파트에 사는 병역 의무자의 감면 서류였다. 의무자의 가정은 아버지가 뇌병변장애 1급으로 누워 계셨고, 어머니는 돌아가셨으며, 누나가 한 명 있으나 아버지의 병간호로 직업을 가질 수 없었으며, 오직 의무자가 하루하루 벌어서 가정 생계를 유지하는 안타까운 상황이었다. 나는 가정 형편을 불시에 확인해야 해서 직접 가정을 방문했다. 가서 보니 코를 찌르는 역한 대소변 냄새와 1990년대 후반 서울 시내에서 1970년대 시골 동네 사람의 옷차림으로 아버지의 병간호를 하는 20대 중반 아가씨의 모습을 보며 '과연 이게 현실인가' 하면서도 한편 너무나 마음이 아팠다.

나는 그 가정의 어려운 형편을 들어 주고 같이 공감해 주며 그들의 아픔을 위로했고, 의무자의 생계유지 곤란사유 서류는 지방 병무청장의 결재를 받고 병역의무를 면제 처리해 주었다. 그리고 그 어려운 가정을 위해 기도하며 물질적으로 후원하며 격려했다.

이 업무를 하면서 감사한 것은 하나님이 나를 공무원이 되게 하시고, 또한 이 직장에 파송하시고 귀한 업무를 허락하셔서 어려운 가정들을 도와주고 위로해 주며 복음을 전하는 귀한 사명을 주셨다고 믿는 것이다. 이 믿음으로 때로는 힘들고 어려웠지만, 날마다 기도하며 그들을 식사나 물질 후원 등 금전적으로 도와주거나 인생 상담도 해 주면서 기쁜 마음으로 업무에 매진할 수 있었다.

바쁜 업무 가운데서도 하나님의 은혜로 매주 직장선교회 모임을 빠지지 않았고, 선교회 임원으로 믿음의 동료들을 섬길 수 있었다. 또한 하나님은 나를 제자훈련을 하는 좋은 교회로 인도하셔서 그 바쁜 와중에 제자훈련과 사역 훈련을 3년 동안 마치게 하셨고, 목자(교회 순장과 같음)로 파송시켜 교회를 사랑과 헌신으로 열심히 섬기게 하셨다.

그러던 중 상사의 추천으로 병무청 본청에서 근무하게 되었다. 당시 집이 서울이었던 나는 가족들과 떨어져 생소한 업무를 해야 하는 본청 생활이 참으로 힘들고 어려웠다. 그때 하나님이 병무청 선교회로 인도해 주셔서 믿음의 동료들과 매주 화요일 점심시간에 모여 말씀을 나누며 서로를 위해 중보하는 은혜와 축복을 주셨고, 본청 생활의 어려움과 애환을 견뎌 낼 수 있는 지혜를 허락하셨다.

▌고난의 긴 터널을 이겨 내며!

병무청 본청에서 첫 업무는 운영지원과 계약 담당 업무였다. 그때까지 나는 20여 년간 공직 생활을 했지만 처음 하는 계약 업무라 무척 생소하고 어려워서 조달청 등 계약 관련 전문 업무 담당들과 수시로 질문하고 조언을 받아 업무 지식을 쌓고 맡은 업무를 처리했으며, 차츰 업무 노하우가 쌓여 갔다.

그러던 10월 어느 날, 철도공사가 정부대전청사에서 이전하면서 병무청 본청이 그 자리로 이전하게 되었다. 병무청 청사 이전으로 시설, 전기, 소방 등 많은 공사를 그해 연말까지 무조건 마쳐야 하는 긴급한 상황이 되었다. 나는 주일을 제외하고는 매일 밤 11시까지 야근을 하며 청사 이전 업무에 최선을 다했고, 다행인지 불행인지 공사는 잘 마쳤으며, 연말까지 이전을 끝내 청사 이전 업무 유공자로 병무청장의 표창까지 받았다.

그러나 다음 해 감사원 감사에서 내가 처리한 청사 이전 공사의 계약 업무에 미진한 부분이 생겼다는 지적 사항이 나왔다. 이후 8개월여의 긴 시간 동안 감사원 감사를 받으며 어둡고 힘든 고통의 시간을 보내게 되었다.

처음에는 왜 나에게 이런 고난이 오냐고 원망도 많이 했다. 그리고 어려움을 겪으면서 인간적인 생각과 방법으로 해결책을 찾으려고 수없이 노력했다. 지인들을 동원해 세상적으로 해결하고자 이것저것 온갖 방법을 다 시도했다. 그러나 아무리 지인들을 동원하고 세상의 방법들을 생각하고 노력해도 하나님은 나의 헛된 노력을 끝까지 막으셨다. 더 이상 아무것도 할 수 없는 그제야 나는 주님의 뜻을 깨달았고, 하나님께 모든 것을 내려놓을 수 있었다. 이 세상 모든 만물을 만드시고 생사화복을 주관하시는 우리 주님께 맡기고 기도하며 나아가야 한다는 것을 말이다.

시편 57편 8절 "내 영광아 깰지어다 비파야, 수금아, 깰지어다 내가 새벽을 깨우리로다"라는 하나님 말씀을 묵상하고 작정하며 하루하루를 새벽기도로 시작했다. 하나님께 온전히 회개하며 주님의 뜻대로 인도해 달라고, 나의 삶을 온전히 내려놓고 간절히 그리고 눈물로 기도했다.

그때 하나님은 "두려워하지 말라 내가 너와 함께함이라 놀라지 말라 나는 네 하나님이 됨이라 내가 너를 굳세게 하리라 참으로 너를 도와주리라 참으로 나의 의로운 오른손으로 너를 붙들리라"(사 41:10)라고 말씀하셨다. 그제야 나는 주님이 주시는 평안과 확신을 누릴 수 있었다. 그리고 하나님은 감사 결과 조치 사항에서 가장 경미한 처분으로 나를 위로하셨고, 나는 다시 일어서서 공직 생활을 기쁨과 감사함으로 감당하며 교회 사역과 섬김으로 하나님께 모든 영광을 돌릴 수 있었다.

▌ 아, 하나님의 은혜로!

시편 119편 105절 "주의 말씀은 내 발에 등이요 내 길에 빛이니이다"라는 말씀은 내가 섬기는 교회의 2019년 성경 정독대회의 슬로건이었다. 교회에서는 매년 7-8월에 전 교우가 성경을 정독하고 있다. 나도 교회 성도의 본분으로 7월부터 성경 정독을 시작했다.

그런데 그해 7-8월은 나에게 무척이나 바빴다. 7월 중순 소속 기관장으로 전보 발령되어 병무민원 상담소장이 됐으며, 2주 후에 병무청장에게 소속 기관 업무 보고를 해야 했고, 부임하자마자 직원들과의 소통을 위해 간담회를 해야 했으며, 업무 보고 2주 후에는 고위 공무원 승진을 위한 역량 평가를 받아야 했으며, 유년부 성경캠프도 해야 했고, 병무청 직장선교회 회장으로 매주 섬겨야 했다. 업무 보고와 역량 평가, 직원들과의 소통 간담회 그리고 유년부 성경캠프와 성경 정독, 직장선교회 모임까지 몸이 열 개라도 할 수 없을 것 같은 걱정과 두려움이 나를 짓누르는 듯했다.

하나님께 지혜를 주시고 시간과 여건을 허락해 달라고 날마다 기도로 하루를 시작했다. 직장 안에서는 직원들과 소통하면서 소속 기관장 업무 보고를 무사히 마칠 수 있었고, 2주후에는 고위 공무원 역량 평가를 통과할 수 있었으며, 성경 정독 1독과 유년부 성경캠프도 무사히 마쳤다.

2020년은 코로나19 팬데믹으로 어려운 때였지만 하나님은 나를 정부대전청사 연합선교회장으로 파송시켜 주셨다. 나는 어깨를 짓누르는 연합선교회장직의 책임감과 코로나19 팬데믹의 위중한 형편에서도 하나님의 사역을 감당할 수 있었다. 그해 6월에는 본청 과장이 아닌 소속 기관장 최초로 부이사관으로 승진했다. 2021년에는 고위 공무원으로 승진했고, 부산지방병무청장으로 발령받아 공직 생활의 마지막을 부산에서 마무리할 수 있었다. 부산지방병무청장을 끝으로 37년간의 공직 생활을 마치고 2022년 6월 말 정년퇴직을 했다.

공직 생활을 되돌아보며 후배들에게!

나는 하나님을 믿는 공직자로서 다음과 같은 철칙을 가지고 있다.

첫째, 공직 생활을 하면서 하나님과 사람들 앞에서 청렴한 삶을 살고자 노력해 왔으며, 특히 병무 행정과 관련된 업무를 처리할 때는 업무 관련자들로부터 여러 차례 물질적인 유혹이 있었지만 날마다 기도하며 이겨 낼 수 있었다.

둘째, 직장에서 맡은 업무를 처리하면서 하나님이 주신 지혜를 잘 활용할 수 있도록 해 달라고 기도하고 업무를 시작했으며, 특히 각종 보고서나 병무민원 업무를 처리할 때는 항상 성실하게 최선을 다했다.

셋째, 하나님이 허락하신 공직 생활에서 사도 바울처럼 일하면서 복음을 전하고자 직장 선교의 사명을 가슴에 품고 기도하며 복음을 전했으며, 믿는 사람으로서 본이 되는 삶을 살기 위해 항상 노력했다.

넷째, 하위직으로 근무할 때는 에베소서 6장 7절 "주께 하듯 하라"라는 말씀을 늘 묵상하며 상사의 업무 지시에 성실함으로 순종했으며, 업무 책임자로서 리더의 역할을 할 때는 직원들과 소통하며 직원들의 의견을 경청해 예수님이 몸소 보여 주신 섬김의 리더십을 실천하고자 했다.

나는 이러한 모습으로 공직 생활에 최선을 다해 왔으며 하나님의 은혜로 무사히 그리고 건강하게 마칠 수 있었다.

18.
다시 태어나도 이 길을

"내가 너보다 앞서 가서
험한 곳을 평탄하게 하며 놋문을 쳐서 부수며
쇠빗장을 꺾고 네게 흑암 중의 보화와
은밀한 곳에 숨은 재물을 주어
네 이름을 부르는 자가
나 여호와 이스라엘의 하나님인 줄을
네가 알게 하리라"(사 45:2-3).

제 영광

전 부산본부세관장

전남대학교 경제학과를 졸업하고, 미국 오리건대학교와 한남대학교에서 경영학 박사 학위를 받았다. 행정고시 37회로 공직에 임용된 후 1993년 보건복지부와 1998년 식품의약품안전처를 거쳐 2000년 관세청에서 근무하다가 2020년 부산본부세관장을 마지막으로 공직을 은퇴하고, 현재 관세사회 상근 부회장으로 재직 중이며, 2022 기획재정부 무역원활화 위원, 관세심의위원회 위원, 관세청 청렴자문위원 등을 역임하고 있다.

관세청, 소중한 나의 소명의 자리

공직 생활 27년 중 20년을 관세청에서 근무했다. 관세행정은 기본적으로 수입 물품에 대한 세금, 즉 관세를 징수하는 기관이다. 따라서 수출입 물품에 대한 국내외 흐름을 잘 파악해야 한다. 해외 부문과 밀접한 관련이 있다 보니 우리나라 수출입 기업을 지원하고 마약이나 해외로부터의 부정·불량 식·의약품, 불법 총기류, 짝퉁 및 환경 저해 물품의 국내 유입을 차단하는 국경 파수꾼의 역할도 중요하다. 일반 국민이 관세행정을 체감할 수 있는 것은 주로 공항 입국 현장에서 받는 세관 검사나 인터넷으로 해외 물품(소위 직구 물품)을 구매하기 위해 통관고유번호를 받고 직구 물품을 통관할 때일 것이다.

공무원 시작부터 관세청에 근무한 것은 아니었다. 보건복지부에서 공직을 시작했지만, 소위 선데이 크리스천으로 세상의 일에 몰두하며 살아가고 있었다. 그러던 중 1997년 IMF로 상징되는 외환위기가 블랙홀처럼 온 나라를 휩쓸었다. 나 또한 회복하기 어려운 손해를 입었고, 말할 수 없는 경제적 어려움을 겪었다. 희망이 없던 상황에서 새로운 곳에서 새로운 마음으로 출발하기 위해 보건복지부에서 식품의약품안전처로 그리고 최종적으로 관세청으로 옮기게 된 것이다.

이 시기에 나의 공직관 확립에 큰 영향을 준 것이 막스 베버(M. Weber)의 《프로테스탄트의 윤리와 자본주의 발달》이란 책이었다. 기본 내용은 이렇다. 유럽에서 자본주의가 발달한 곳은 대부분 신교도, 특히 칼빈 교도들이 많은 지역이다. 칼빈 교도들은 자기 직업에서 성공하는 것이 하나님의 구원을 얻는 것으로 생각하고, 철저한 장인 정신과 금욕으로 직장에서 최선을 다하여 일한다. 하나님이 맡기셨다는 이 소명 의식이 칼빈 교도들을 교회 안과 밖의 태도가 일치하는 건전한 생활 신앙인으로 만들었고, 결과적으로도 개인의 부를 축적하게 할 뿐만 아니라 오늘날 유럽 자본주의의 근간이 되었다.

칼빈 교도들의 소명 의식은 성경의 가르침과 함께 나에게 "공직이 하나님이 맡겨 주신 천직이다"라는 공직관을 형성하는 데 큰 도움을 주었다. "청렴한 태도로 전문가답게 최선을 다하자." "항상 하나님의 CCTV가 나를 보고 있다는 코람 데오의 정신으로 공익만 추구하자." 이런 마음가짐은 공직 생활을 지탱해 준 굳건한 원칙이 되었다.

또 하나 공직에서 업무를 수행하면서 꼭 지키려고 노력했던 원칙 중 하나가 화살기도다. 화살기도란 특별한 것은 아니고, 어떤 결정을 내릴 때 또는 상사에게 결재하기 전에 화살처럼 빠르게 기도하는 것이다. "주님, 도와주세요!", "주님이라면 어떻게 하실까요?", "현명한 결정을 내리도록 힘을 주세요!"라고 짧게 기도하는 것이다. 비록 순간적인 기도이지만 마음은 크게 편안해진다. 화살기도로 내 머릿속에 각인된 사건이 있다.

보따리상들이 중국산 농수산물을 과다 반입해 문제가 된 적이 있다. 몇 번의 조치를 통해 허용 기준 범위 내로 유도하려 했지만, 보따리상들이 불만을 품고 정부대전청사 앞에서 연일 시위를 벌였다. 급박한 상황에서 강경하게 시위대를 진압하자는 주장이 대세였지만, "주님이라면 어떻게 하실까요?" 하고 화살기도를 해 보니 순간적으로 '사랑의 마음으로 최대한 대화하고 설득하는 것이 올바른 해결책'이라는 생각이 번뜩 들었다. 결국 협상을 유도하면서 보따리상들이 과도하게 반입하는 고추, 참깨, 마늘이 국내 시장을 교란하고 농민들에게 심각한 손해를 끼친다는 점을 끝까지 설득해 합의를 이끌었다.

나중에 밝혀진 일이지만, 그들은 휘발유와 같은 인화 물질로 극단적인 상황까지 준비했다고 한다. 만일 강경 진압을 했다면 많은 사람이 불행한 사태를 당했으리라. 인명 피해 없이 잘 마무리된 것에 대해 지혜를 주신 하나님께 지금도 감사하고 있다.

공직 생활을 하다 보면 국민적 관심사나 국가적 현안을 처리하는 경우가 많다. 보따리상 문제 외에도 우리나라 무역 지도를 바꾼 자유무역협정(FTA)의 전면적 시행, 우리나라 수출입 소프트 인프라를 완전히 개편한 국가 4세대 전산망 사업 등 몇몇 굵직한 사안들이 기억난다. 현안을 처리할 때는 고도의 판단력과 순발력은 물론이고 정부 대책 마련, 부처 간 협의, 법령 작업, 정책 홍보 등으로 바쁜 날들이 계속된다. 한정된 시간과 인력으로 많은 일을 하다 보니 날마다, 심지어 몇 달 동안 야근이 반복되기도 한다.

그러나 공직관이 확립되고 원칙이 있는 공무원은 묵묵히 성실하게 일을 수행한다. 특히 크리스천 공무원들에게서 이러한 모습을 자주 볼 수 있음은 참 고무적인 일이다. 이들은 삶의 모범으로 성경의 정신을 실천하고 있다. 나도 불평보다는 감사하면서 소명 의식을 가지고 인내하려고 노력했다. 아무리 바쁘고 야근이 많아도 "뭐 크리스천 공무원이 저래? 교회 집사라며"라는 말을 듣기는 죽기만큼 싫었다. 어쨌든 이러한 노력으로 국가적 사업이 성공하고 지금까지도 잘 작동하는 사례를 보면 국가를 위해 뭔가를 했다는 성취감과 자부심이 느껴지곤 하는데, 이는 공무원만의 특권이라고 생각한다.

관세청은 하나님께서 선데이 크리스천에 불과하던 나를 새롭게 부르시고 삶의 길을 열어 주신 소중한 장소였다. 경제적 위기가 없었으면 관세청으로 옮기지도 않았을 것이며, 공직에 대한 자세도 그저 하나의 직업으로만 생각하고 별 의식 없이 근무할 수도 있었을 것이다. 지금 와서 보면 모든 것이 하나님의 은혜다. 내가 국가에 충성하니 하나님께서 국가로 하여금 나와 나의 가정을 돌보게 해 주신 것이다.

해외 파견과 신앙생활

홍콩 총영사관에서 관세 담당 영사로 우리나라 기업의 현지 애로 사항을 해결하기 위해 4년간 근무한 적이 있다. 홍콩은 남중국으로 들어가는 우리 기업의 수출입 물량이 엄청나게 많은 곳이어서 수출입 애로가 적지 않다. 주로 수출입 기업과 항공·물류 기업, 식품·농수산물 수출 기업 관계자가 나의 컨설팅 고객들이었다.

나는 컨설팅 외에도 기회가 있을 때마다 고객들에게 성경과 경건 서적을 제공해 주면서 복음을 전하고자 했다. 그렇다고 거창하게 노력한 것은 아니다. 한번은 고객 중 한 분이 교통사고를 당해 병원에 입원해 있었다. 나는 단지 성경과 경건 서적 한 권을 제공했을 뿐인데, "성령의 감동으로 입원한 동안 성경 실컷 읽고 감사 실컷 하다 간다"면서 "남들이 보기엔 실패의 홍콩 여행길이지만, 내게는 하나님을 만나고 회복하는 성공한 길이었다"라는 내용의 편지를 받았다.

비록 작은 일이지만, 이런 편지를 받게 되면 왜 하나님이 나를 이 자리에 있게 하셨는지 가슴이 뭉클해진다. 공직과 신앙생활의 조화. 나에게는 완벽하지도 않고 아쉬움도 많지만 두 길은 완전히 다른 길이 아니요, 오히려 세상의 방식이 아닌 주님이 기뻐하시는 방식으로 통합될 수 있음을 느꼈다.

홍콩에서의 신앙생활도 매우 인상이 깊다. 홍콩 발령을 계기로 신앙생활을 열심히 하자고 다짐했다. 여러 지방으로 발령이 나다 보니 교회 정착이 힘들었기 때문에 일정 기간 한 곳에서만 근무하는 홍콩 생활이 영적으로 도약할 수 있는 계기가 된 것이다. 마침 교회에서 기도 부흥회가 열렸고, 덕분에 매일 새벽과 저녁, 주일 3회 예배 등 일주일에 15-16회 정도 예배를 드리게 되었다.

그러나 얼마 지나지 않아 몸에 익지 않은 강훈련에 바로 민낯이 드러났다. 한국을 떠나올 때 그간의 선데이 신앙생활을 반성하고 하나님을 제대로 만나자고 맹세했지만 "그래도 하나님, 이것은 아니잖아요. 예배만 드리라고 홍콩에 보내셨나요?" 하고 항변 아닌 항변을 했다. 그러나 예배가 지속되고 기도로 하나님과의 교제가 쌓일수록 무엇인가가 나를 감싸고 있음을 느끼게 되었고, 거부할 수 없는 하나님의 음성이 자꾸 나의 마음과 귓가를 때리기 시작했으며, 그분을 생각하는 것만으로 뜨거운 눈물을 흘리는 날이 많아졌다.

하나님의 은혜를 받으니 더 열심히 신앙생활을 하게 되었다. 세계 기도의 날 행사, 이슬람을 위한 기도회, 홍콩 체류 필리핀과 인도네시아인들을 위한 노방전도 등 다양한 활동과 체험으로 하나님의 충만함을 만끽할 수 있었다.

전도와 선교에 대한 열망도 솟구쳤다. 회사 퇴근 후 집 근처 쇼핑센터에 들러 현지인들에게 〈사영리〉를 전하는 것이 매일의 일상이 되었다. 처음에는 '영어가 모국어가 아닌 내가 홍콩 현지인과 필리핀 사람들에게 복음을 전할 수 있을까?'라는 생각 때문에 쭈뼛거리고 망설였지만, 전도는 하나님이 하신다는 마음으로 용기를 내곤 했다. 그런데 영어로 〈사영리〉를 읽기만 했는데 현지 사람들이 "아멘"으로 응답했다. 그때 느꼈던 영적 짜릿함은 그 무엇으로도 표현할 수 없다.

휴가 때가 되면 미얀마로, 인도네시아로, 중국으로 단기 선교를 부지런하게 다녀왔다. 산상기도도 잊을 수 없는 체험이다. 매주 토요일 새벽마다 나와 아내, 두 아들은 교회 성도들과 함께 홍콩 현지 산에 올라 전 세계 복음화를 위해 기도했다. 특히 산 정상에는 '야곱의 사닥다리'라고 명명한 600여 개의 계단이 있는데, 이 계단을 올라가 신비로운 홍콩의 새벽 바다 구름을 보며 야곱이 되기도 했다.

산상기도의 기도 제목은 세계 복음화였다. 홍콩을 기점으로 서쪽으로 이동해 가면서 한국까지 지구 한 바퀴를 돌며

오대양 육대주의 실정에 맞는 기도를 드렸다. 홍콩을 찾는 선교사님들과 목사님들이 참여해 은혜를 더했고, 산상기도 후 근처 휴게 장소에서 라면과 일명 '할렐루야 죽'으로 잊을 수 없는 최고의 성찬을 즐기며 내려왔다.

홍콩에서 귀국한 후에 대전 새로남교회에 등록했다. "인생의 방황은 하나님의 품 안에서 끝이 나고, 신앙생활의 방황은 교회 정착에서 끝이 납니다"라는 주보의 한마디가 이곳저곳에서 5-6개 교회를 섬긴 나의 마음을 꿰뚫어 보고 있었다. 부부 다락방에 소속되어 신앙생활을 이어 갔다.

매주 금요일 다락방에서 순장님의 지도를 받게 되었는데, 특히 순장님의 여러 가지 신앙 간증을 들을 때는 나도 무엇인가 하나님을 위해 일할 수 있다는 생각으로 가슴이 뛰었다. 그래서 교회에서 2년간 실시하는 오정호 목사님표 제자 사역 훈련을 받게 되었다. 평신도 사역자를 만드는 제자 사역 훈련을 통해 신앙생활을 기본부터 점검하게 되었고, 소중한 동역자들을 얻게 되었다. 그리고 이어지는 다락방 순장 파견은 '함께의 축복'이었다. 순원들을 가장 소중하게 생각하면서, 순원들과 '함께' 기도하고 동고동락하며 신앙생활을 '함께'한다는 것이 가장 커다란 행복임을 경험하게 되었다.

크리스천 공직 후배들에게 당부하고 싶은 말
- 내 일생 조국과 민족을 위하여

27년의 공직 생활을 마치고 2020년 퇴직했다. 퇴직하고 보니 공직 생활 하루하루가 참으로 하나님의 은혜 그 자체였다고 생각한다. 크리스천이 술, 담배 그리고 세속적인 문화와 어울리지 않으면서 공직 생활 하기란 녹록지 않다. 그러나 그렇게 어려운 일만은 아니다. 공직 생활 중 느낀 점을 통해 크리스천 공직 후배들, 특히 공무원을 시작하려거나 시작한 지 얼마 되지 않은 후배들에게 몇 가지 당부하고 싶다.

첫째, 작은 일에도 충실한 전문가가 되어야 한다. 공직에 있어서는 조그만 일이라도 중요하지 않은 일이 없다. 승진이 보장되지 않는 업무라고 무시하지 말라. 업무에는 귀천이 따로 없다. 누가 보든 안 보든 성실하게 최선을 다하고, 그 분야 최고 전문가로 우뚝 서라. 그러면 나에 대해 소문이 나고 조직의 여기저기에서 스카우트하려 할 것이다. 요셉은 간수 일을 성실하게 잘하다가 애굽의 국무총리가 되었고, 다윗은 양을 훔치러 온 곰이나 사자를 물매 돌로 쫓아내다가 거인 골리앗을 잡고 이스라엘의 왕으로 부름을 받았다. 지금 맡은 일에 충실한 자는 당장은 아니라도 결국은 조직에서 존경받게 되고 승진이나 성과급으로 보상받게 된다.

둘째, 무엇보다도 열정을 가져라. 국가를 위해 비전을 품고 적극적이고 패기 있게 나가야 하며, 국가가 어려울 때는 애통하는 마음을 가지고 전심으로 충성해야 한다. 느헤미야는 그가 끌려간 바사 왕국에서 왕의 총애를 받고 잘살 수 있었지만 예루살렘이 폐허가 되었다는 소식을 전해 듣자마자 애통하며 모든 것을 버리고 조국으로 돌아갔다.

'소확행', '헬조선'이라는 말이 있다. 그러나 공직자가 될 사람은 이런 말을 멀리해야 한다. 단지 퇴근 시간이 정확하다는 이유로(사실은 그렇지 않다), 평생 근무가 보장된다는 이유로 공직을 선택한다면 그도, 나라도 불행해진다. 예나 지금이나 공직자는 조국과 민족을 위해 살아간다는 마음가짐과 열정이 필요하다. 다시 태어나도 이 길을 선택하는 데 주저하지 말아야 할 것이다.

셋째, 청렴해야 한다. 다니엘을 보라. 그를 중상 모략하는 사람들이 그의 허물을 발견하고자 철저하게 뒷조사를 했지만 아무런 흠도 찾지 못했고, 오히려 그의 청렴함과 정직함에 놀랄 뿐이었다. 공직은 법을 집행하는 과정에서 다양한 이해관계를 조정해야 하므로 반드시 유혹이 따를 수밖에 없다. 기도와 성령의 힘으로 유혹을 이겨 내라. 청렴은 결정적 위기 순간에 나를 구해 주는 확실한 무기가 된다.

넷째, 신우회에 적극적으로 가입해 활동하라. 개별 교회에서 열심히 신앙생활을 하는 공직자들도 신우회에 대해서는 소극적인 경우가 많다. 그렇지만 신우회 활동이야말로 믿지 않는 동료들을 주님께 인도할 절호의 기회다. 나도 신우회 활동 중 직장 동료들을 교회의 새 생명 축제에 초대해 전도한 적이 있는데, 그중 한 분은 지금 신우회에 없어서는 안 될 주요한 소임을 수행하고 있다. 전도할 때 하나님이 주시는 기쁨과 은혜는 전도해 본 사람만이 알 수 있다. 크리스천 공직자들이 직장에서 그리고 교회에서 하나님의 영광을 위해 조국과 민족의 미래를 위하여 최선의 모습으로 살아가기를 기도한다.

19

내 잔이 넘치나이다

"주께서 내 원수의 목전에서
내게 상을 차려 주시고
기름을 내 머리에 부으셨으니
내 잔이 넘치나이다"(시 23:5).

조연환   전 산림청장

충북 보은농고와 한국방송통신대학교 경영학과를 졸업하고, 국방대학원에서 국방관리학 석사를 받았다. 1967년 조건부 임업직 9급 공무원으로 출발해 7급 시절 제16회 기술고등고시에 최고령으로 합격했다. 이후 산림청 계장, 과장, 국장, 차장을 거쳐 제25대 산림청장을 역임했다. 황조근정훈장을 수상했으며 퇴직 후 한국산림아카데미를 설립하고 현재 명예 이사장을 맡고 있다.

최말단 산림 공직자가 되다

내 꿈은 교사였다. 고향 교회에서 중3 때부터 주일학교 보조 교사를 했다. 공과를 가르치면서 참 행복했다. 나에게 가르치는 은사가 있다고 생각해 교사가 되어야겠다고 마음먹었다. 하지만 농고 3년간 실습생으로 일한 나에게 공주사범대학교는 문턱이 너무 높았다. 교사의 꿈을 접었다. 고3 졸업을 앞두고 총무처에서 시행하는 5급 을류(현재의 9급) 국가 임업직 공무원 채용시험에 합격했다. 마침 내가 농고를 졸업하던 그해에 산림청이 발족된 것이다. 이것이 과연 우연일까?

1967년 10월 10일자로 안동영림서 제3관작사업소로 발령받았다. 제3관작사업소는 무주 구천동에서 국유림 나무를 벌채해 매각하는 일을 하는 관서였다. 어린 나이에 최말단 산림 공직자가 되어 대한민국 최고 오지인 무주 구천동, 그곳에서도 산속으로 한 시간은 더 들어가야 하는 무주군 설천면 삼공리 50임반에서 산림 공직자 생활을 시작했다.

무주 구천동 산속에서의 삶은 벌채 인부 같았다. 희망이 없었다. 이러려고 공무원이 되었나 싶었다. 하지만 포기할 수 없었다. 당시에는 학력에 따라 공무원 가점이 붙었다. 대학 졸업자는 4점, 전문대학 졸업자는 2점, 군대 다녀오면 2점이 가산되었다. 고등학교를 졸업하고 군대도 다녀오지 않은 나는 가점 하나도 없는 말단 중의 최말단이었다.

대학을 다니지 못한 사람이 대학 졸업 자격을 얻는 길은 보통고시라는 사법 예비시험에 합격하는 것이었다. 사법 예비시험을 보기로 마음먹고 통신 강좌를 신청하니 두툼한 책 10권이 도착했다. 그날부터 무주 구천동 산골짝에서 낮에는 인부들과 함께 산에 가서 일하고, 밤에는 호롱불에 공부했다. 공부가 될 리 없었다. 농고 출신에게 헌법, 행정법, 행정학, 경영학은 용어조차 이해하기 어려웠다. 첫해 사법 예비시험에 떨어졌다. 이듬해에도 떨어졌다.

세 번째는 경상북도 봉화군 춘양면 서벽3리 현재 국립백두대간수목원 씨드볼트가 자리한 곳에 주재 근무할 때였다. 합격자 발표를 하는 날, 저녁 무렵 산에서 내려와 시외버스를 타고 춘양 읍내로 갔다. 당시 시험 공고나 합격자 발표는 서울에만 게재되었기 때문이다. 서울신문 취급소에 가서 합격자 발표란을 보니 내 이름이 없었다. 앞이 캄캄했다. 죽으면 좋겠다는 생각이 들었다. 교사가 되고 싶은 꿈도 포기했는데 사법 예비시험마저 세 번이나 떨어졌으니 희망이 없었다. 하나님이 나를 버리신 것 같았다.

먹고살기 위해서

희망이 없었지만 공무원 생활을 그만둘 수도 없었다. 그동안 무주에서 봉화, 영주, 영덕을 거쳐 8급 공무원이 되어 상급 관청인 안동영림서로 발령받았다. 안동에 있는 상지전문대학교(현 카톨릭상지대학교) 경영과 야간에 입학했다. 이때 내 바람은 6급이 되어 계장 의자에 앉아 보는 것이었다. 7급으로 승진해서 한창 보람되게 일하고 있는데 산림청 본청으로 발령되었다는 통지가 왔다. 1978년 8월이었다. 뜻밖이었다. 누가 나를 불러 준 것일까? 산림청에는 아는 사람도 없는데….

산림청에서는 과 서무를 맡았다. 잔심부름을 하는 자리였다. 이런 일을 하려고 본청에 왔나 싶을 정도로 하는 일이 시답잖았다. 하지만 더 어려운 일은 먹고살기 힘든 것이었다. 형님이 계시는 면목동에 단칸 월세방을 얻었다. 하나뿐인 아들을 유치원에 보내려니 6개월 치 보육료를 한꺼번에 내라고 해서 아들 유치원도 보낼 수 없었다. 7급 공무원 월급으로는 세 식구 서울 단칸 셋방살이도 힘겨웠다. 다시 안동으로 내려갈까 싶었다. 새벽마다 하나님께 매달려 기도했다. "하나님, 서울에서는 살 수가 없습니다. 어떻게 하면 좋습니까? 길을 열어 주십시오."

서울에 온 그해 1978년 10월 어느 날, 서울신문을 보니 기술고등고시 합격자가 발표되었는데 그중에 임업직 합격자도

5명이 있었다. '아, 임업직도 기술고능고시가 생겼구나. 그럼 기술고등고시를 볼까? 고등고시에 합격하면 5급이 되고, 그럼 월급을 더 받을 텐데' 하는 생각이 들었다. 그동안 학력 제한이 없어져서 고졸자도 고등고시에 응시할 수 있었다.

퇴근 후 아내에게 말했다. "여보, 임업직도 기술고등고시가 있더라고. 나도 고시를 볼까 해." "당신, 할 수 있겠어요?" "그럼 어떻게 해. 7급 월급으로는 규식이 유치원도 못 보내잖아." 아내는 부엌 위 다락을 치우고 사과 궤짝을 들여놓고 담요를 씌워 내 공부방을 만들어 주었다.

기술고등고시 공부가 시작되었다. 새벽기도를 마치고 학원에 가서 영어 강의를 듣고, 퇴근해서 생물 강의를 듣고 집에 오면 아내는 밥을 차려 주고는 규식이를 데리고 밖으로 나갔다. 규식이가 텔레비전을 보면 방해된다고 잠들 때까지 골목을 헤매다 규식이가 잠들면 데리고 왔다.

때로 공부가 잘될 때는 고시에 합격할 것만 같았다. 하지만 '네가 고등고시를 본다고? 너 대학도 안 나왔잖아. 임과대학 졸업생만 해도 매년 500명이 넘는데, 임업직 기술고등고시는 겨우 5명 뽑는데, 너 같은 사람이 고등고시에 합격하면 고시 안 할 사람 없겠다. 넌 사법 예비시험도 세 번 떨어졌잖아', 이런 생각이 들곤 했다. 그때마다 책을 팽개쳤다. '그래, 나 같은 사람이 고등고시가 되겠어?'

새벽에 교회에 나가 하나님께 통사정했다. "하나님, 어떻게 해요. 제 실력으로는 자신이 없습니다. 하나님, 도와주세요." 사실 기도가 아니라 떼를 쓰는 것이었다. 이렇게 눈물 흘리며 기도하면 마음이 편안해지고 다시 공부해야겠다는 다짐이 섰다.

고시 공부를 한 첫해인 1979년, 제15회 기술고등고시 임업직 1차 합격을 했다. 뛸 듯이 기뻤다. 하나님이 도와주셨음을 확신했다. 이듬해 1980년 제16회 기술고등고시에 2차 시험을 치러 기술직 전체에서 최고령으로 합격했다. 하나님은 보통고시인 사법 예비시험에 세 번이나 떨어진 사람을 보통고시를 거치지 않고 곧바로 고등고시에 합격시켜 주셨다. "할렐루야, 아멘! 하나님, 감사합니다."

▮
일만 잘한다고 승진되나요

평소 소원이던 영림서 6급 계장을 못해 보고, 7급에서 바로 5급 사무관이 되었다. 이제는 명문 대학 출신들과 경쟁해야 했다. 학벌과 배경이 없으니 업무 성과로 평가받아야 했다. 열심히 일했다. 실력도 인정받았다. 하지만 4급 승진에서는 번번이 탈락했다. 고시에 합격한 지 10년 넘도록 4급 승진을 못했다. "조 계장, 일만 잘한다고 승진이 되는 게 아니야."

주변에서는 나를 위로한답시고 이런저런 말을 해 줬다. 그럼 어쩌란 말인가. 하나님께 항의했다. "하나님! 어찌하여 승진을 시켜 주지 않으시는지요? 제가 승진을 해야 하나님도 영광을 받으시는 것 아닙니까. 수요일마다 신우회원들과 예배드리는 것 직원들이 다 아는데, 예수 믿어 봐야 소용없다고 수군댑니다. 하나님을 위해서 승진시켜 주십시오." 이것은 기도가 아니라 협박이었다.

고시에 합격하고 14년이 지나서야 4급 과장으로 승진되었다. 내 협박이 통한 것 같다. 이제 하나님도 급하신 것 같았다. 공무원법에 정한 승진 소요 연수가 차면 하루도 미루지 않고 바로바로 승진시켜 주셨다. 4급에서 5년 만에 3급, 3급에서 3년 만에 2급이 되어 산림청 본청 국장 자리까지 올랐으니 더 이상 바람이 없었다. 하지만 하나님의 계획은 그게 아니었다. '내 생각은 너의 생각과 다르니라⋯.'

2003년 3월, 참여 정부가 출범하던 해 차장이 산림청장으로 승진해서 1급인 차장 자리가 공석이 되었다. 최고참 국장이 1순위로, 내가 2순위로 1급 산림청 차장 승진 후보자가 되었다. 1순위 후보자는 농림부 국장 출신 행정직이고, 나는 1급이 된 지 2년이 채 안 된 고졸 출신 기술직이었다. 당연히 1순위가 승진될 테고, 나는 들러리에 불과했다. 2003년 4월 5일, 식목일 행사를 마치고 집에 와 있는데 산림청 인사 담당

과장으로부터 전화가 왔다. "조 국장님, 축하드립니다. 1급 산림청 차장이 되셨습니다." "과장님, 무슨 말씀이세요. 최 국장이 1순위로 올라갔잖아요." "그렇죠. 그런데 방금 청와대에서 전화가 왔습니다. 조 국장님이 1급 차장으로 승진되었다고요." 후일담을 들어 보니, 모자란 학력에도 불구하고 신실하고 성실하고 능력이 있다는 주변의 평 덕분에 내가 차장으로 승진한 것이었다. 할렐루야, 아멘! 하나님은 1순위를 제치고 2순위인 나를 1급 차장으로 승진시켜 주셨다.

▎"여보, 나 됐어!"

참여정부 두 번째 개각이 있었고, 곧 차관급 인사가 있을 예정이었다. 행여나 청장이 될 수 있으려나 설렜다. 2004년 7월 20일, '제1회 산주와의 만남' 행사가 서울 양재동에서 있었다. 청장님을 모시고 행사에 참석했다. 오늘 중으로 차관급 인사가 있을 것이란 얘기가 돌았다. 나는 물론 아내도 기도하고 있었다.

행사가 시작되고 청장님이 단상에 올라 축사를 하시는데 핸드폰 진동음이 울렸다. 전화기를 들고 조용히 밖으로 나갔다. "조연환 차장님, 청와대입니다. 축하드립니다. 산림청장이 되셨습니다. 대통령께서 방금 서명하셨습니다." 숨이 멎는 듯

했다. "하나님! 감사합니다. 해 주셨군요. 고맙습니다." 목이
말랐다. 주위에 있는 직원에게 물 한 잔을 달라고 했다. 아내
에게 전화했다. "여보, 나 됐어요⋯." 눈물이 나서 더 말을 잇
지 못했다. "당신, 청장⋯." 아내도 말을 못했다. 19세 철부지
가 최말단 산림 공직자가 되어 대한민국 최고 오지인 무주 구
천동 덕유산 한복판에서 출발해서 오늘에 이르기까지 37년
세월이 눈앞에 어른거렸다. 하나님은 이때를 알고 계셨다. 고
졸 출신을 장·차관으로 세우는 정부가 세워지리라는 것을 말
이다.

2004년 7월 21일 10시, 산림청 대강당에서 제25대 산림청
장 취임식이 열렸다. 그동안의 생각을 다듬어서 현장 임정,
참여 임정, 기술 임정을 펼치겠다고 다짐했다. 최말단에서 청
장까지, 무주 구천동에서 본청까지 산림 현장을 두루 거쳤으
니 업무를 파악하거나 준비할 일이 없었다. 취임식 그날부터
현장을 뛰며 현안 과제를 해결해 나갔다. 50여 년간 심기만
하고 가꾸지 못해 죽어 가는 숲을 숲답게 가꾸어 주자며 전
국 산을 찾아다녔다. 하나님이 창조하신 자연을 제대로 관리
하는 일이야말로 산림청장이 해야 할 최우선 과제였다.

2005년 1월 1일은 의미 있는 날이다. 1995년 과장 때부터
백두대간을 보전하기 위해 노력한 지 10년 만에, 1905년 일
제에 의해 백두대간 산줄기를 빼앗긴 지 100년 만에 백두대

간 보전법이 제정되어 시행된 날이기 때문이다. 2005년 산림청 시무식을 백두대간 선자령 마루금에서 임업인들과 함께 거행했다.

산림청장이 되어 하고 싶었던 일 중의 하나는 처음 발령받아 갔던 안동지방산림청(영림서)을 과장급 관서에서 국장급 관서로 승격시키는 일이었다. 백도 없는 사람이 청장이 되었다고 걱정하는 직원들에게 나도 백이 있음을 보여 주고 싶었다. 모두 안 될 것이라 했지만 기도하면서 포기하지 않고 노력한 결과 하나님께서 도와주셔서 안동과 강릉 2개 지방산림청을 과장급 관서에서 국장급 관서로 승격시켰다.

▌1억 원이 필요합니다

소나무가 죽어 갔다. 소나무재선충병이 퍼져 전국의 소나무를 죽이는 것이다. 소나무재선충병으로부터 소나무를 지켜 내기 위해서는 국민들의 협조가 중요했다. 방송국을 찾아가서 소나무재선충병 특별 프로그램을 방송해 줄 것을 요청했지만, 예산 형편상 안 된다고 했다. 산림청에서 프로그램을 제작해 오면 방송해 주겠다고 했다. 프로그램 제작에는 1억 원 정도가 필요했지만, 산림청에도 그런 예산은 없었다.

새벽마다 기도했다. "하나님, 이 땅의 소나무를 살려 주세요. 재선충병에 걸려 소나무가 죽어 가고 있습니다. 1억 원이 필요합니다. 1억 원을 주십시오."

대전에서 여의도 국회를 가는데 전화가 왔다. 대기업 상록 재단 부사장이었다. "청장님, 고생이 많으시지요? 아침에 회 장님이 찾으시더니 '요즘 산림청장님이 소나무재선충병 때문 에 고생이 많던데 뭐 도와줄 것 없는지 물어봐라' 하시네요." "그래요? 얼마나 도와주실 수 있습니까?" "회장님이 1억 원 범위 안에서 도와주라 하셨습니다." 할렐루야! 새벽마다 1억 원을 달라고 기도했는데 하나님이 1억 원을 주셨다.

그 기업 상록재단의 후원으로 소나무재선충병 특별 프로 그램을 제작해서 KBS를 통해 방송했다. 이러한 노력으로 2005년을 정점으로 소나무재선충병 피해는 감소하기 시작했 다. 정확하게 기도를 들어주시는 하나님께 참 감사드린다.

❚ 청와대입니다

2005년 8월 16일, 구슬땀을 흘리며 강원도 양양의 산 비탈에서 송이산 가꾸기 사업 현장을 돌아보고 있는데 핸드 폰이 울렸다. "조연환 청장님이시지요? 청와대입니다. 오는 21일 일요일에 청와대 관저로 좀 와 주셔야겠습니다. 대통령 님이 찾으십니다." "그래요? 일요일엔 교회에 가야 하는데요."

"그렇군요. 미리 연락드리지 못해 죄송합니다. 그래도 꼭 오셔야겠습니다." 결국 "예, 알겠습니다"라고 대답했지만, 대통령께서 왜 청와대로 부르시는 것일까 궁금했다. 잠시 후 청와대 비서관으로부터 전화가 다시 왔다. "조연환 청장님 사모님도 함께 오셨으면 하는데요, 가능하신지요?" "네, 같이 가겠습니다." 주일에 부부 동반으로 대통령 관저에 오라고 하니 꾸중 들을 일은 아니겠다 싶었다.

2005년 8월 21일, 아내와 청와대로 갔다. 청와대 도착 전에 비서관으로부터 전화가 왔다. "청장님, 올라오고 계시지요? 오늘은 정문으로 들어오십시오." 평소 업무차 청와대에 갈 때에는 정문을 이용하지 않았는데 오늘은 대통령께서 특별 배려를 해 주시는 것 같았다. 아내와 함께 탄 승용차가 정문에 이르자 굳게 닫혔던 철문이 자동으로 열리며 경비원이 거수경례를 붙였다. 이때 알았다. 하나님이 천국의 모습을 미리 보여 주시는 것임을. 주님 앞에 서는 그날, 황금 문이 열리며 주님이 어서 오라고 손잡아 주실 모습을 미리 보여 주시는 것 같았다. 할렐루야, 할렐루야!

관저에 도착하니 노무현 대통령 내외분께서 대문 앞까지 나와 계셨다. "오시느라 수고 많이 하셨습니다. 차 한잔하시고 등산이나 합시다."

대통령 내외분과 청와대 뒷산 장군봉까지 오르는 동안 행여 대통령께서 내가 모르는 나무나 꽃 이름을 물어보실까 봐 조마조마했다. 대통령께서는 퇴임 후에 시골에 내려가 살겠다고, 어릴 적 미역 감던 시냇물을 깨끗하게 복원해서 손자 손녀들이 마음껏 헤엄치는 마을을 만들겠다며 퇴임 후 구상에 대해 많은 말씀을 하셨다. 산에서 내려와 늦은 점심을 먹으며 대통령께 말씀드렸다.

"대통령님, 나라를 위해 값진 일을 하고도 제대로 대접을 받지 못하는 사람들이 있습니다. 이분들 한을 좀 풀어 주십시오." "아, 나무를 심으신 독립가 말씀이군요." "그렇습니다. 이분들이 나무를 심고 가꾸어 산이 이리 좋아졌는데 정작 이분들의 공로를 알아주지 않아 한을 품고 있습니다." "어떻게 하면 되겠습니까?" "대통령 내외분께서 독립가들이 나무를 심은 산에 오셔서 전국의 독립가들에게 나라를 위해 귀한 일을 했다고 격려해 주셨으면 합니다." "그러지요. 그렇게 하지요." 대통령의 약속을 받고 기쁜 마음으로 청와대를 나왔다.

임업인, 청와대에 가다

산으로 임업인들을 만나러 오시겠다는 대통령께서 언제나 약속을 지키시려나 초조하게 기다렸다. 그러던 2005년 10월 29일, 드디어 대통령 내외분께서 충남 청양군 정산면

오동산 농장에 오셨다. 농림부 장관은 대통령을 한미FTA 체결 문제로 격앙된 농민들에게로 모시고 가야 하는데 산림청장이 쓸데없이 대통령을 산으로 모셔 왔다고 언짢아하셨다. 하지만 산림청장인 나는 대통령께서 산에 오셔서 임업인을 격려해 주시니 감격스러울 뿐이었다. 대통령 내외분께서는 산을 둘러보시면서 아주 만족해하셨다. 숲속에 마련된 점심을 드시면서 대통령께서 말씀하셨다. "산림청장에게 독립가 여러분이 나무를 심고 가꾸시는 현장을 방문하겠다고 약속했는데, 오늘은 사정상 비공개로 오게 되었습니다. 대신 독립가 여러분을 청와대로 초청해서 점심을 대접해 드리겠습니다." 대통령께서는 이날 임업인을 청와대로 초청해 주시겠다는 뜻밖의 선물을 주셨다.

2005년 말에 개각이 있었다. 곧이어 차관급 인사가 있을 예정이었다. 언론에서는 차관급 인사 평이 오르내렸다. 산림청장 된 지 1년 반이 넘었으니 나도 경질 대상자였다. 내가 아직 산림청장으로 있을 때 대통령께서 임업인을 청와대로 초청해 주셔야 하는데 싶어 마음이 조급해졌다. 마침내 대통령께서 약속을 지키셨다.

2006년 1월 24일 11시, 임업인 300명이 대통령 초청을 받아 청와대 영빈관에 모였다. "임업인 여러분! 참으로 훌륭한 일을 하셨습니다. 국가가 해야 할 일을 여러분이 하신 것입니다. 국가에서 여러분께 큰 보상을 해 드려야 하는데 그러지를 못했습니다. 그런데도 여러분은 어떤 보상을 해 달라고 떼를 쓰거나 시위하지 않으셨습니다. 여러분이 계셨기에 우리나라의 산림이 이처럼 좋아졌습니다. 제가 여러분의 한을 풀어 드리지는 못하지만, 오늘 이렇게 여러분의 노고에 감사하는 의미에서 모시게 되었습니다."

청와대 영빈관 홀을 가득 메운 임업인들은 감격했다. 산림청장인 나에 대해서도 송구스러울 정도로 칭찬해 주셨다. 그때 알았다. 대통령께서 임업인을 격려해 주시는 자리에서 나에 대한 전별의 말씀도 해 주고 계시다는 것을 말이다. 예정보다 훨씬 긴 오찬이 끝나자 대통령께서는 사진을 찍자고 즉석에서 제안하셨다. 영빈관 1층 홀에서 대통령 내외분과 임업인들이 20명씩 조를 짜서 기념사진을 찍었다. 이 사진을 그 자리에 참석한 임업인 모두에게 보내 주셨다.

임업인 청와대 초청 행사가 끝나고 일주일 뒤 전화가 왔다. "조 청장님! 인사수석입니다. 그동안 수고 많이 하셨습니다. 대통령께서 조금 전에 후임 산림청장 인사안에 결재하시면서 조 청장께 꼭 전화하라고 하셨습니다. 큰 수고 하셨습니다." 산림청장 임기가 끝나는 순간이었다.

2006년 1월 31일 산림청 대강당에서 제25대 산림청장 이임식이 열렸다. "참으로 행복했습니다. 산이 있었기에 오늘의

제가 있을 수 있었습니다. 저를 키워 준 버팀목과 희생목이 있었기에 청장의 자리까지 오를 수 있었습니다. 모든 것이 하나님의 은혜입니다. 여러분과 함께 참으로 행복했습니다. 감사합니다."

퇴임식에서 눈물이 나지 않았다. 기쁘고 감사할 뿐이었다.

내 잔이 넘치나이다

교사의 꿈을 접고 낙심한 철부지에게 하나님은 산림 공직자의 길을 열어 주셨다. 마침 내가 농고를 졸업하던 바로 그해에 산림청이 발족한 것은 우연이 아니라 하나님의 세밀한 준비하심이 아니었을까 한다. 9급 조건부 임업기원보가 되어 대한민국 최고 오지인 무주 구천동 덕유산 한복판에서 산간수 일을 할 때 내게는 꿈도, 희망도 없었다. 어떻게든 대학 졸업 자격을 따 보겠다고 애쓴 사법 예비시험을 세 번이나 떨어지고 나서는 죽음까지 생각했다.

하지만 하나님은 사법 예비시험을 통과하지 않고 곧바로 고등고시에 합격시켜 주셨다. 6급 계장이 되어 지방청 계장 의자에 앉는 것이 꿈이었던 내게 하나님은 5급, 4급, 3급, 2급, 1급에 이어 정무직인 산림청장 자리까지 올려 주셨다. 승진이 안 돼 떼를 쓸 때 "나도 안다. 네가 승진할 때가 되었음을 나도 안다. 하지만 네 때가 아니라 내 때에 시켜 주마"라는 하나님의 음성을 그때는 듣지 못했다.

하나님은 황금 문을 열어 나를 맞아 주시는 천국의 모습도 미리 보여 주셨다. 정부 수립 후 처음으로 임업인을 청와대로 초청해 임업인의 사기를 한껏 높여 주시고, 하나님 백이 최고임을 나를 통해 보여 주셨다. 최말단 산림 공직자로 대한민국 최고 오지에서 출발한 19세 철부지가 산림청장까지 역임하고 대통령의 치하를 받으며 물러났으니 어찌 감사하지 않으랴. "오직 하나님 은혜입니다. 내 잔이 넘치나이다. 아멘, 할렐루야!"

20

나의 나 된 것은
다 하나님의 은혜라

"그러나 내가 나 된 것은
하나님의 은혜로 된 것이니"(고전 15:10).

조원정 　전 대전지방법원

한남대학교 법학과를 졸업하고, 1993년 법원에 입사하여 청주지방법원 제천
지원을 시작으로 청주지방법원, 대전지방법원, 대전고등법원 등에서 근무했고,
2018년 법원서기관으로 승진하여 대전지방법원 천안지원 민사과장, 대전지방
법원 민사단독과장, 남대전등기소장, 대전지방법원 천안지원 등기과장을 거쳐
대전지방법원 형사과장으로 퇴직한 후 현재 대전지방법원 천안지원 집행관으
로 근무하고 있다.

마음이 아픈 사람들이 찾는 곳 법원

법원은 사법상의 권리와 법률관계에 대한 분쟁이나 다툼을 해결하고자 할 때, 죄를 지어 그에 대한 형벌을 받고자 할 때 방문하는 경우가 많다. 분쟁 해결이나 형벌은 대개 재판을 통해 이루어지는데, 재판은 양 당사자가 대립하고 법원은 둘 사이의 심판자이기 때문에 무엇보다 공정이 요구된다. 그래서 사법부 캐릭터인 '바로미'의 한 손에는 '균형'을 뜻하는 저울이 들려 있다. 나 역시 앞의 내용을 항상 마음에 새기며 균형 잡힌 시각과 민원인을 내 가족과 같이 친절하게 대하려는 마음으로 공직에 임하고 있다.

언젠가 법원에 오기만 하면 소리부터 지르며 재판 중에도 일방적으로 자기주장만 하는 피고인이 있었다. 무엇이 그렇게 억울한지, 울분이 가슴 깊은 곳에 자리하고 있는 것 같았다. 한번은 어찌 된 일인지 다른 사건으로 구속된 상태에서 교도관들과 함께 재판 기록을 복사하러 사무실에 온 적이 있다. 담당자가 바빠서 참여관인 내가 많은 기록을 직접 복사해서 재판 기록과 같이 적절하게 분책하고 깔끔하게 표지까지 정리해서 주었다.

재판 기록을 받고 나니 기분이 좋았던지 무척 고마워하면서, 그 후부터 나를 대하는 태도가 완전히 달라졌다. 내가 다른 부서로 자리를 옮겼음에도 재판이 종결되고 나서 내가 근무하는 곳으로 직접 찾아와 덕분에 재판이 잘 끝났다며 고맙다는 인사까지 하고 갔다. 비록 작은 친절이었지만 마음이 아픈 사람에게 따뜻한 마음으로 다가가면 사람을 변화시키는 것 같았다. 이 사건은 이후 내가 공직 생활을 어떠한 자세로 임해야 하는지에 대한 큰 토대가 되었다.

나는 40세가 넘은 늦은 나이에 신앙생활을 시작했다. 제사 문화를 중히 여기는 집안에서 태어나 교회에 다닌다는 것은 꿈에도 생각하지 못했다. 그런 나에게 하나님은 신우회를 통해 첫 예배를 경험하게 하셨고, 교회로 인도해 주님을 영접하는 은혜를 주셨다. 지금 생각해 봐도, 하나님의 계획하심과 인도하심이 없었다면, 나의 의지만으로는 불가능한 일이었다.

나는 앞의 민원인과 같이 겉으로는 멀쩡해 보이지만, 사소한 일에 짜증을 많이 내는 마음이 아픈 사람이었다. 하나님은 그런 나를 불쌍히 여기셔서 법원이라는 직장에 입사하게 하시고, 직장을 통해 하나님을 영접하게 하시어 아픈 마음을 치유해 주셨다. 신앙생활을 하면서 가장 큰 변화는 상대방을 이해하려는 마음이 커졌다는 것과 주님이 나와 함께하심으로 일상에서 짜증보다 언제나 감사가 넘친다는 점이다. 이것이 내가 민원인을 대할 때마다 의식하지 않아도 밝은 표정이 나오는 이유이기도 하다. 물론 가족들도 변화된 나의 모습을 너무 좋아했고, 이전보다 훨씬 화목한 가정이 되었다.

▌고난을 통해 주님께 더 가까이 나아가다

그렇게 신앙생활을 하며 살아가던 어느 날, 사무실에서 사무관 승진 시험을 보았지만 불합격했다. 준비한 시간이 부족하긴 했지만, 막상 불합격 통보를 받고 나니 창피하기도 하고 심적으로 너무 힘들었다. 예배당에서 예배를 드리는데, 하염없이 눈물이 나오고 난생처음 간절히 하나님께 기도를 올려 드렸다. 기도하면서 내가 그동안 해 왔던 신앙생활이 얼마나 연약한지도 돌아보는 계기가 되었다.

그다음 1년 동안은 내 생애 최고로 치열하게 나 자신과 싸우며 업무 외에는 오직 시험공부에만 집중했다. 이전에는 무조건 공부만 했다면, 지금은 공부를 시작하기 전 기도부터 드리고 하나님께 이해력과 지혜를 구했다. 그 후 사무관 시험에 좋은 성적으로 합격했다. 기도 응답을 경험하면서 진정한 크리스천이 된 것 같았고, 마음속에 감사가 넘쳤다.

사무관으로 승진 발령을 받으면서 나의 신앙생활이 전반적으로 변화되었다. 다락방에서의 열심은 물론이고, 신우회 및 교회 행사에 적극적인 참여, 새벽 예배, 제자훈련 등을 통한 체계적인 성경 공부와 더불어 많은 영적 성장을 이루게 되었다. "고난당한 것이 내게 유익이라 이로 말미암아 내가 주의 율례들을 배우게 되었나이다"(시 119:71). 그렇게 하나님은 직장을 통해 어려움을 주시고, 믿음이 부족한 나를 하나님께 더 가까이 인도하셨다.

어느 날 전임 신우회 총무가 타 지역으로 발령받아 가면서 나에게 총무를 맡으라 권했다. 모든 면에서 부족했지만 이 또한 하나님의 뜻이라 생각하며 쾌히 수락했고, 동료들의 도움으로 총무로서의 임기를 은혜 가운데 마칠 수 있었다. 신우회를 통해 신앙생활을 시작한 것도 너무 감사한데, 그 직장의 신우회 총무로서 봉사할 수 있는 기회를 받고 나니 감사와 더불어 예배를 드리면서 가슴 깊은 곳에서 진한 감동과 전율이 느껴졌다. 무엇보다 대전 청주법원, 검찰, 변호사들이 함께 모여 예배를 드리는 충청법조 선교대회를 통해 하나님을 찬양하고 직장 복음화를 위해 함께 노력했던 점은 늘 기억에 남고 감사한 일이다.

신실하신 하나님

사무실에서 신우회 총무를 맡고 있을 때 교회에서는 제자훈련을 받도록 권유받았다. 제자훈련을 받는 동안 사무실에서는 가장 업무가 많은 부서에서 근무하게 되었다. 온 나라를 떠들썩하게 했던 태안 원유유출사건 항소심과 대전시장 및 각 지자체장의 선거 사건 항소심을 담당하는 재판부에서 민사와 형사사건을 동시에 담당하는 재판부 참여관이 된 것이다.

태안 원유유출사건은 2007년 12월 크레인선 부선과 유조선이 충돌해 유조선 탱크에 있던 많은 양의 원유가 유출되어 태안 인근 해역을 오염시킨 사건으로, 피해자들이 손해배상을 청구한 민사사건이다. 많은 개인 봉사자와 교회에서 온 분들이 기름띠 제거를 위해 그곳으로 달려가 부직포로 검은 기름을 닦아 내던 모습이 아직도 눈에 선하다.

이 사건은 피해자인 원고의 수가 너무 많아 원고의 명단을 엑셀로 관리했고, 기록도 캐비닛에 꽉 찰 정도로 엄청났다. 1심은 대전지방법원 서산지원에서 했고, 항소심을 대전고등법원에서 하게 된 것이다. 판결은 법관이 하지만, 기록 관리나 문건 정리, 민원인 대응 등은 일반직의 몫이다. 문의 전화도 많았지만, 당사자가 많아 심문기일에 변호사 외에 대표로 참석한 원고가 누구인지 이름을 찾기도 무척 어려웠다. 너무 큰 사건이라 근무하는 동안 큰 어려움이 있었던 것은 더 말할 필요가 없다. 그러나 기름 유출로 인한 인근 지역의 오염과 피해자들을 생각하니 가슴이 너무 아팠고, 모든 것이 원만하게 해결되기를 바라는 기도가 절로 나왔다.

대전시장 및 각 지방자치 단체장 선거법 위반 사건은 선거 기간이나 선거 기간 전에 행한 선거에 관한 불법 행위로 기소된 형사사건으로, 당선인이 벌금 100만 원 이상의 형이 확정되면 당선무효가 되는 중요한 재판이다. 선거 사건은 타 사건에 비해 신속하게 재판을 끝내야 한다는 규정이 있어서 타 재판부에 비해 재판에 자주 참여해야 했고, 늦게까지 재판을 하는 경우도 많았다. 많은 사람으로부터 관심을 받는 사건이므로 조서 작성이나 민원인 응대에 있어서도 여간 신경이 쓰이는 것이 아니었다.

여러 가지로 힘들었지만 재판이 끝났을 때 방청하러 온 민원인들로부터 수고했다는 인사 한마디라도 받으면 공무원으로서 뿌듯함과 함께 보람도 느꼈다. 그리고 이렇게 힘들 때마다 주님을 의지하고 기도하는 일만이 내가 할 수 있는 유일한 길임을 깨닫고, 기도하며 주님을 더욱 의지하는 나를 발견할 수 있었다. 하나님은 중대하고 힘든 업무를 경험하게 하셨지만, 같은 재판부에 훌륭한 판사님들과 좋은 동료들을 만나게 해 주셔서 많은 업무량에도 마음의 평안을 주시고 감사함으로 업무에 임할 수 있게 해 주셨다. 또한 바쁜 가운데서도 제자훈련을 무사히 수료하도록 하셔서 연약한 나를 새 힘과 새 능력으로 덧입혀 주셨다.

앞의 사건을 담당하고 있을 즈음에 나에게 또 다른 일이 있었다. 나는 내성적이고 소위 대중 울렁증이 있어서 대중 앞에서 말하는 것을 무척 힘들어한다. 그런 나를 하나님은 한 가지 미션을 통해 훈련시키셨다. 대전고등법원에서 국민에게 다가가는 법원을 만들고자 일반 국민을 상대로 법원 업무 중 몇 가지 주제를 정해 직접 찾아가 강의를 하는 계획이었다. 일부는 법관이 하고, 일부는 비법관인 일반직이 할 수 있는 주제를 선정했다.

여러 주제 중 경매는 과장님이 하시기로 했고, 개인회생은 업무를 해 본 사무관이 나밖에 없어서 내가 할 수밖에 없었다. 모 동사무소를 찾아가 강의실에서 일반인들을 상대로 강의를 하게 된 것이다. 강의안을 준비하는 것보다 많은 사람 앞에 서는 것이 너무 긴장되고 떨렸다. 그런데 기도하며 준비하는 중에 "두려워하지 말라 내가 너와 함께함이라 놀라지 말라 나는 네 하나님이 됨이라 내가 너를 굳세게 하리라 참으로 너를 도와주리라"(사 41:10)라는 말씀이 떠오르며 마음이 점차 안정되기 시작했고, 그 후부터 차분하게 강의를 준비할 수 있었다.

강의가 있는 날에는 준비한 대로 모든 것을 전달했고, 질문을 받고 마무리하기까지 순조롭게 진행되었다. 물론 지금도 대중 앞에 서는 것은 여전히 어렵고 두려운 일이지만, 이 경험을 통해 사무실에서 발표할 일이 있을 때나 순장 파송을 받고 순원들 앞에서 말씀을 전할 때 많은 도움이 되었다.

이처럼 바쁜 생활을 하던 어느 날, 사무실에서 재판사무처리 우수 공무원으로 추천되어 서류를 준비해 법원 행정처로 보낸 적이 있다. 선임 사무관임에도 제일 바쁜 부서에 자원했고, 믿는 자로서 모범을 보여 주려고 더 성실하게 근무하려고 노력한 덕분인지, 내가 전국에서 재판사무처리 우수 공무원 민사 분야 1등을 했다는 연락을 받았다. 안 될 줄 알고 있었던 터라 기쁨은 더욱 컸다. 상을 받은 덕분인지 얼마 지나지 않아 과장으로 승진하는 영광도 하나님께서 주셨다. "사람이 마음으로 자기의 길을 계획할지라도 그의 걸음을 인도하시는 이는 여호와시니라"(잠 16:9). 능력이 부족하다고 늘 생각하던 내게 하나님의 인도하심과 도우심이 없었으면 있을 수 없는 일이었다. 하나님은 언제나 나의 필요를 아시고 채워 주시는, 좋으시고 신실하신 분이다. 할렐루야!

나의 나 된 것은
다 하나님의 은혜라

나는 시골의 유교 전통 집안에서 자라 교회에 대한 강한 거부감이 있었음에도 사십이 넘어 늦은 나이에 직장인 법원 신우회를 통해 첫 예배를 드리면서 신앙생활을 시작했다. 또한 하나님은 직장에서 승진 시험이라는 시련을 통해 주님과 더욱 가까워질 수 있는 은혜를 주셨다.

교회에 다니기 전에는 도덕적으로 착하게 살면 복을 받고 죽어서도 좋은 곳으로 간다고 생각했다. 법원에 오래 근무하다 보면 안 좋은 사건들을 너무 많이 봐서 그런지 조금만 이상하면 의심하고 믿지 않는다. 그래서 신앙생활도 처음에는 조금 힘들었던 것이 사실이다. 그런 내가 이제는 생각이 완전히 바뀌었다. "사람이 마음으로 믿어 의에 이르고 입으로 시인하여 구원에 이르느니라"(롬 10:10). 선하게 사는 것도 중요하지만, 오직 주님만이 구원에 이르는 유일한 길이심을 확신한다.

지금의 나를 이 자리에 있게 해 주시고 인도해 주신 하나님께 감사하며, 이 모든 것은 내가 한 것이 아니요, 내가 나 된 것은 모두 하나님의 은혜임을 고백한다(고전 15:10). 오늘도 나를 첫 예배를 통해 믿음의 길로 인도한 직장과 법원 신우회에 감사함으로 다니고 있다. 나와 같이 믿음이 없던 사람이 복음을 한 번이라도 듣고 마음이 변화되는 데 작은 씨앗이 되기를 바라는 마음으로, 한 생명에게라도 복음을 전하며 주어진 업무에 최선을 다하려 노력하고 있다.